EVA-MARIA BAST | SVEN KUMMEREINCKE

Hamburger
Geheimnisse

BAND 2

**50 NEUE GESCHICHTEN
AUS DER HANSESTADT**

Hamburger Abendblatt

Bast, Eva-Maria; Kummereincke, Sven
Hamburger Geheimnisse (Band 2) – 50 neue Geschichten
aus der Hansestadt

HAMBURGER ABENDBLATT in Kooperation mit:
Bast Medien, Münsterstr. 35, 88662 Überlingen (verantwortlich)
2. Auflage 2016.
ISBN: 978-3-946581-05-5

Copyright: Bast Medien
Lektorat: Lena Bast
Recherche: Manuela Klaas
Covergestaltung: Jarina Binnig, Carina Linke, Cornelia Müller
Layout: Homebase – Kommunikation & Design, Jarina Binnig
Grafik: maps4news.com/©HERE (Karte)
Satz: Carina Linke
Druck: werk zwei Print+Medien Konstanz GmbH

Ein Titel aus der preisgekrönten Reihe „Geheimnisse der Heimat"

Inhalt

Vorwort

Liebe Leserinnen und Leser,
als Hamburger denkt man ja immer, man wüsste alles über die (vermeintlich) schönste Stadt der Welt – und ist dann immer wieder überrascht, was man dann doch nicht weiß. Das war so vor zwei Jahren, als unsere Autoren Eva-Maria Bast und Sven Kummereincke sich auf die Suche nach „Hamburger Geheimnissen" machten – und tatsächlich 50 neue Geschichten fanden. Daraus wurde nicht nur eine Serie im Hamburger Abendblatt, sondern auch eines der erfolgreichsten Bücher in der Geschichte unserer Zeitung. Dessen Fortsetzung halten Sie heute in der Hand: mit Hamburgs wahrscheinlich allerletzten Geheimnissen. Wobei, bei Sven Kummereincke und Eva-Maria Bast weiß man nie…

Ich wünsche Ihnen so viel Spaß beim Lesen, wie die Autoren beim Aufspüren der Geheimnisse gehabt haben.

Herzlichst, Ihr

Lars Haider
Hamburger Abendblatt
Chefredakteur

Die Autoren

Eva-Maria Bast, Jahrgang 1978, arbeitet seit 1996 für verschiedene Zeitungen und Magazine. 2011 gründete sie mit Heike Thissen das Journalistenbüro „Büro Bast & Thissen", das 2013 erweitert wurde und sich nun „Bast Medien" nennt. Eva-Maria Bast initiierte und schreibt die Buchreihe „Geheimnisse der Heimat", die 2011 startete, rasch zu einem regionalen Bestseller wurde und die 2016 in über 30 Bänden vorliegt. 2012 wurde die Tageszeitung Südkurier für die Geheimnis-Reihe mit dem Deutschen Lokaljournalistenpreis der Konrad-Adenauer-Stiftung in der Kategorie „Geschichte" ausgezeichnet. 2012 begann Bast sich auch der Belletristik zu widmen. Mit „Vergissmichnicht" gab sie ihr Krimidebüt, „Tulpentanz" folgte ein Jahr später. Im Frühjahr 2014 erschien Teil 1 (Mondjahre), 2015 Teil 2 (Kornblumenjahre) und 2016 Teil 3 (Dornenjahre) ihrer zeitgeschichtlichen Jahrhundertsaga. Seit Juni 2015 ist sie Gastdozentin an der Hochschule der Medien Stuttgart. Eva-Maria Bast lebt mit ihrer Familie in Überlingen am Bodensee.

Sven Kummereincke, Jahrgang 1967, arbeitet seit 1991 als Journalist. Er begann als Hospitant bei der „Ahrensburger Zeitung", einer Regionalausgabe des Hamburger Abendblatts, war mehrere Jahre lang freier Mitarbeiter und ist seit 2000 Redakteur. Sven Kummereincke war ab 2002 landespolitischer Redakteur beim Abendblatt und ist zurzeit stellvertretender Leiter der Lokalredaktion. Außerdem hat er eine Vorliebe für historische Themen entwickelt. 2013 erschien das Buch „Hamburg in 12 Jahrhunderten", das er gemeinsam mit Dr. Matthias Gretzschel geschrieben hat, 2014 erschienen die Hamburger Geheimnisse Band 1 mit Eva-Maria Bast. Sven Kummereincke lebt in Hamburg-Eimsbüttel.

Marc Müller hat die steinernen „Blumen“ entdeckt, die sich rechts und links des Eingangs zur Volkshochschule befinden, und sie sofort als Montblanc-Logo erkannt.

01

Steinblume

Liebe zu edlen Schreibgeräten und hohen Bergen

L iebhaber edler Füllfederhalter und Kugelschreiber werden es kennen: das wie eine Blume oder wie ein Stern mit abgerundeten Ecken aussehende Logo des Edelschreibgeräte-Herstellers Montblanc. Was aber, mag man sich fragen, wenn man sie entdecken sollte, hat eben jene „Blume“ an einer Hausfassade im Schanzenviertel zu suchen? Marc Müller, Stadtführer in Hamburg, stellte sich genau diese Frage, nachdem er das Logo – in Stein gehauen und offensichtlich recht alt – entdeckt hatte, und machte sich auf die Suche nach Antworten. Ein Werbeträger kann es nicht sein, dachte er sich, denn es sieht eher aus wie Fassadenschmuck. Aber doch: Es

9

ist – oder war – in gewisser Weise ein Firmenschild oder zumindest ein Hinweis auf die Firma, die sich Anfang des 20. Jahrhunderts tatsächlich in dem Gebäude befand: Der Ingenieur August Eberstein entschloss sich, unterstützt durch den Schreib-warenhändler Claus-Johannes Voss und den Hamburger Bankier Alfred Nehemias, 1906 eine Firma zur Herstellung von Füllfeder-haltern zu gründen. Der Name: „Simplo Füller Pen Company". Simplo, erklärt Stadtführer Müller, habe dabei für „simpel", also für einfach zu bedienende Füllfederhalter gestanden. Die Firma war durchaus erfolgreich und hatte in Hamburg Gebäude in der Schanzenstraße, dort, wo sich noch heute die Steinreliefs befinden, und in der Caffamacherreihe. Das Haus in der Schanzenstraße, in dem jetzt die Volkshochschule beheimatet ist, wurde von Montblanc bis 1989 genutzt. Am 14. Januar 1913 wurde der bekannte Montblanc-Stern als Warenzeichen eingetragen. Ab 1924 begann die heute noch bestehende Vermarktung des „Meisterstücks". Und von 1930 an, berichtet Müller weiter, hätten die Federn dieser „Meisterstücke" dann auch die Gravur „4810" getragen. „Das war die damals offiziell vermessene Höhe des Mont-Blanc-Berges in Metern über dem Meeresspiegel. Damit ist er der höchste Gipfel der Alpen."

Diese Schreibgeräte sind Luxusgüter, das teuerste davon kostet im Sommer 2016 2,4 Millionen Euro. Ein Statussymbol! Viele Liebhaber schätzen eben einfach die traditionelle Handwerkskunst. Bis heute werden die hochwertigen Füllfederhalter immer noch größtenteils von Hand gefertigt. Hundert Arbeitsschritte benötigt die Herstellung einer Feder.

„Das war die damals offiziell vermessene Höhe des Montblanc-Berges in Metern."

Aber warum überhaupt Montblanc? Und wie kam es zu dem Stern-Logo? „Das ist die Form des schneebedeckten Mont Blanc von oben", schmunzelt Müller und tut damit kund, was jeder begeisterte und erfahrene Bergsteiger längst weiß. Was aber hat ein Berg mit einem Füller zu tun? Die Firma teilt in ihrem Internetauftritt mit: „Erzählungen nach kam er (der Name) während eines Kartenspiels auf, als ein Verwandter eines Geschäftspartners einen kreativen Vergleich zwischen dem Füllfederhalter als Gipfel in der Schreibgerätekultur und dem Mont Blanc als majestätischstem und höchstem Gipfel der Alpen zog."

Und deshalb kann man heute mitten in Hamburg gewissermaßen auf den – stilisierten – Gipfel des Montblanc blicken.

Eva-Maria Bast

Das Logo an der Hauswand.

So geht's zur Steinblume:

Das Logo der Firma Montblanc befindet sich – in Stein gehauen – an der Fassade der Schanzenstraße 75-77.

*Norbert Stindt steht vor den Laubenganghäusern,
die der Prince of Wales besucht hat.*

02

Laubenganghäuser
Guten Tag, ich bin der Prince of Wales

E s ist ein Ort, der seinen ganz eigenen Charme entwickelt. Zwischen den viergeschossigen Backsteinbauten an der Oberschlesischen Straße gibt es viel Grün und alte Bäume, und die Laubengänge geben den mehr als 80 Jahre alten kleinen Arbeiterwohnungen eine besondere Note. Doch wie viel Schönheit man dieser Siedlung am Dulsberg auch immer abgewinnen mag, eines kann man sich so gar nicht vorstellen: dass hier einmal zwei Männer zu Gast waren, die beide später den britischen Thron besteigen sollten. Nämlich Edward, Prince of Wales (1894-1972), und sein jüngerer Bruder Albert, Duke of York (1895-1952). „Und doch waren beide hier: am 14. Oktober 1932", sagt Norbert Stindt. Der 61-Jährige kennt sich im Stadtteil und erst recht in diesen Häusern aus wie kein Zweiter. Er lebt hier von Geburt an, und schon seine Großmutter hatte eine Wohnung in der Anlage. Und so kann Stindt, der seit Jahrzehnten auch in der Geschichtsgruppe Dulsberg e.V., einer der Hamburger Geschichtswerkstätten, aktiv ist, stundenlang Geschichten über die Siedlung erzählen. Die spannendste ist aber die des Prinzenbesuchs – auch weil ganz alte Dulsberger zu wissen glauben, dass deswegen britische Bomberpiloten im Zweiten Weltkrieg streng geheime Anweisungen von höchster Stelle bekommen haben... Doch der Reihe nach.

Es war eigentlich ein Zwischenstopp, den der britische Thronfolger im Oktober 1932 in Hamburg einlegte. Er war auf Skandinavienreise, wo er auf dem Höhepunkt der Weltwirtschaftskrise auf Werbetour für die britische Industrie unterwegs war. Der Hamburg-Besuch wurde ausdrücklich als „rein privat" deklariert. Natürlich waren trotzdem Hunderte von Schaulustigen nach Fuhlsbüttel gekommen, wo er am Nachmittag des 13. Oktober mit einer viermotorigen Armstrong-Whitworth aus Kopenhagen kommend landete. Doch die Hamburger bekamen den hohen Gast nur aus der Ferne zu sehen – zunächst.

Nachdem die Prinzen im Hotel Atlantic erst einmal (natürlich) Tee getrunken hatten, stand eine Stadtrundfahrt auf dem Programm. Was heute undenkbar wäre, dafür war damals noch Raum: Spontanität. Denn am Alten Wall lässt Edward plötzlich stoppen: Das Juwelier-Geschäft Barsøe scheint ihm der richtige Ort für das Einkaufen von Mitbringseln zu sein. Eine Küchen- und eine Porzellanuhr mit Rosenmotiven wählt er aus. Und erst, als der perfekt deutsch sprechende Gentleman als Lieferadresse „S. K. H. Prince of Wales, Atlantic-Hotel" auf einen Zettel schreibt, wird Karin Barsøe klar, wer da gerade einkauft. „Wenn ich das gleich geahnt hätte, ich hätte ihn vor lauter Aufregung gar nicht bedienen können", sagt sie später dem „Hamburger Fremdenblatt". So wie die Verkäuferin eines anderen Juweliers. „Denn die soll in Ohnmacht gefallen sein, als Edward hereinkam", erzählt Norbert Stindt und schmunzelt.

Der Abend der Gäste begann standesgemäß – mit einem Dinner in der Villa von Hapag-Chef Louis Leisler Kiep (1884-1962) –, ging weiter im Hansa-Theater und endete (auch das heute schwer vorstellbar) auf der Reeperbahn. Dort machten die Prinzen einen „Bummel" (die Times benutzte den deutschen Ausdruck in ihrem Bericht), der unter anderem ins Hippodrom und ins „Zillertal" führte.

Mag all das schon ungewöhnlich erscheinen, so folgte auf ausdrücklichen Wunsch der Prinzen am nächsten Morgen die Fahrt zum Dulsberg. Dort hatten die Brüder Hermann (1871-1941) und Paul Frank (1878-1951) die Laubenganghäuser als Mustersiedlung für Arbeiter gebaut – zum Teil mit britischen Krediten finanziert. Ob der spätere König deswegen kam, ob er aus Gründen der Imagepflege Interesse für Arbeiter zeigen wollte oder ob er wirklich interessiert war – das weiß man nicht. „Aber er schaute sich mehrere Wohnungen an", berichtet Stindt. „Und laut der Zeitungsberichte kam er unangemeldet." Da macht eine Hausfrau also die Tür auf und dann steht da jemand und sagt: „Guten Tag, ich bin der Prince of Wales. Ob ich wohl mal hereinkommen dürfte?" Das wäre wohl zu schön, um wahr zu sein. „Einige Zeitungen haben allerdings ausdrücklich erwähnt, wie ordentlich und sauber alles war, ohne dass der Besuch angemeldet worden wäre", schildert Stindt die ungewöhnliche Situation. So oder so, der Besuch war nach wenigen Minuten wieder gegangen. Die Briten gingen noch rasch zum Soldatenfriedhof in Ohlsdorf, bevor sie in Fuhlsbüttel in ihr Flugzeug stiegen.

„Wenn ich das gleich geahnt hätte, ich hätte ihn vor lauter Aufregung gar nicht bedienen können."

Doch mehr als ein Jahrzehnt später sollten viele Dulsberger dem Besuch eine ganz neue Bedeutung beimessen. Sie glaubten, dass er ihnen ihr Zuhause gerettet hat. „Tatsache ist, dass im Zweiten Weltkrieg Dulsberg zu 80 Prozent von britischen Bombern zerstört wurde", berichtet Norbert Stindt. Die Laubenganghäuser blieben aber bis auf eines weitgehend heil, von Dachstuhlbränden abgesehen. Einfach Glück? Oder gab es womöglich geheime Anweisungen des Königshauses, die Häuser zu schonen? „Das hat zumindest eine Bewohnerin behauptet, die nach dem Krieg eine Liaison mit einem britischen Besatzungs-Offizier hatte", erzählt Norbert Stindt.

Die sogenannten Laubenganghäuser in Dulsberg.

Der „Prince of Wales" von 1932 hatte während des Kriegs jedoch keinerlei Einfluss mehr. Er war nur ein Kurzzeitkönig gewesen. Edward hatte 1936 den Thron bestiegen, dann aber noch in demselben Jahr für einen gewaltigen Skandal und eine Verfassungskrise gesorgt, weil er die zweimal geschiedene amerikanische Schauspielerin Wallis Simpson heiraten wollte – nach wenigen Monaten musste er abdanken. Und weil er Sympathien für die Nazis zeigte, wurde er kalt-gestellt und zur „persona non grata". Sein Bruder jedoch wurde als Georg VI. König (er ist der Stotterer aus dem Film „The King's Speech") und war es auch während des Zweiten Weltkrieges. Gab er geheime Anweisungen?

Das ist zumindest extrem unwahrscheinlich, denn der König sah sich als Repräsentant und hielt sich aus militärischen Dingen völlig heraus. Und so ist die Wahrheit vermutlich weit simpler. „Die Laubenganghäuser hatten im Gegensatz zu den meisten anderen Häusern Betondecken", erzählt Stindt. Und die Phosphorbomben durchschlugen zwar das Dach und lösten dort Brände aus, die Betondecken aber hielten stand. „Einmal wurden Sprengbomben eingesetzt und da wurde dann auch eines der Häuser zerstört", sagt Stindt. Aber ganz ausschließen will er die „englische Theorie" nicht. Ist ja auch eine wahrhaft königliche Geschichte!

Sven Kummereincke

So geht's zu den Laubenganghäusern:

Die baugleichen Häuser stehen an der Oberschlesischen Straße – an welcher Tür der Prince geklingelt hat, ist leider unbekannt.

Welche Seite ist die bessere? Die für Verheiratete oder die für Unverheiratete? Dr. Christina Linger kann beiden Varianten etwas abgewinnen.

03

Ehering

Extra-Tor für Ehepaare

W er verheiratet ist, für den gelten andere Regeln. Man denkt nicht mehr nur für sich allein, sondern noch für seinen Partner mit. Und: Man geht in der Hauptkirche St. Petri durch einen anderen Ausgang hinaus. Zumindest war das früher so, heute strömen die meisten Menschen durch den Haupteingang. Wer das Gotteshaus aber umrundet, entdeckt auf der Südseite ein wunderschönes Doppelportal. Neben jeder Pforte ist, hoch oben, eine steinerne Hand zu sehen – neben der rechten eine unberingte, neben der linken eine beringte. „Das war das Brautportal", erklärt die Vorsitzende des Hamburger Gästeführervereins,

Dr. Christina Linger. „Auf der rechten Seite ist man vor der Eheschließung hineingegangen, auf der linken Seite ist man als Verheirateter herausgekommen." Gestaltet worden sei das Portal nach dem großen Stadtbrand 1842. Davor, im Barock, von 1575 bis 1770, sei man ohnehin von Süden aus in die Kirche gegangen, berichtet die Archäologin. „Auch in der Hauptkirche St. Michaelis gab es ein Südportal als Haupteingang, erst nach dem letzten Brand 1906 hat man das Portal gen Westen verlegt."

Dass Kirchen in der Regel von Westen aus betreten werden, hat einen Grund: Der Westen ist die Himmelsrichtung des Sonnenuntergangs, der Dunkelheit, der Dämonen. Deshalb brachte man im Mittelalter zur Abwehr von bösen Geistern in Richtung Westen auch gern finster dreinschauende Steinskulpturen an, sogenannte „Neidköpfe". Betritt man ein Gotteshaus von der Seite des Sonnenuntergangs, geht man in Richtung Chor auf den Sonnenaufgang im Osten zu, in die Richtung des Lichts. So war es in früheren Epochen, wegen der Position des Altars, üblich. „Ex oriente lux", aus dem Osten kommt das Licht. Damit hatte der Altar im Osten eine heilsverkündende Bedeutung. Und der Gläubige näherte sich ihm als Heilsbedürftiger von der entgegengesetzten Seite. Weshalb war das im Barock anders? „Man wollte so mehr die Freude hineinlassen", erklärt Linger. Das passt irgendwie zum damaligen ausschweifenden Leben der Reichen.

Für Brautpaare war es sehr passend, dass sie die Kirche nach der Trauung in Richtung Süden verließen. Sie standen jetzt auf der Sonnenseite des Lebens. Zumindest sollte das in einer guten Ehe so sein.

Die beringte und die unberingte Hand.

Eva-Maria Bast

So geht's zum Ehering:

Der Ring befindet sich an einer steinernen Hand am Südportal der Hauptkirche St. Petri. Dieses erreicht man vom „Speersport" aus.

04

Gertrudenfigur

Stille Erinnerung an ein Gotteshaus

An der Hauswand, zwischen den Fenstern des ersten Stocks, steht eine Heiligenfigur und blickt ruhig über den Platz. In der Hand hält sie ein Kirchenmodell. Dass es sich um die heilige Gertrude handelt, kann man dem Schriftzug auf dem Sockel, auf dem sie steht, entnehmen. Warum aber wurde sie ausgerechnet an diesem Gebäude angebracht? Katrin Peter-Bösenberg hat es herausgefunden: „Die heilige Gertrud war schon immer auf diesem Platz zu Hause." Macht irgendwie Sinn, schließlich befinden wir uns auf dem Gertrudenkirchhof. Und dass der heißt, wie er heißt, kommt (natürlich) auch nicht von ungefähr! „Hier befand sich früher die Gertrudenkapelle", erklärt Katrin Peter-Bösenberg. „Die Heiligenfigur stand auf dem Pfeiler einer Mauer, die das kleine Gotteshaus umgab. Sie ist eines der wenigen Überbleibsel dieser Kapelle, deren älteste Teile in den Jahren 1392 bis 1399 auf einer ehemaligen Begräbnisstätte gebaut wurden." Auf Stichen könne man erkennen, dass sie deutlich niedriger war als die großen Hauptkirchen und dass ihr Hauptteil aus einem Kuppelbau bestand. „Aber sie war trotzdem gut erkennbar", erzählt die Hamburgerin, die Architektur und Stadtplanung studierte und jede Menge Unterlagen zu der alten Kapelle gesammelt und viele alte Stiche betrachtet hat. Auf diesen konnte sie gut ausmachen, wo genau sich die Heiligenfigur befand: „Sie stand recht prominent auf einem Pfeiler an der Südwest-Ecke in Richtung der Spitalerstraße."

Beim Großen Brand im Jahr 1842, dem weite Teile der Innenstadt zum Opfer fielen (siehe Hamburger Geheimnisse, Band 1), wurde auch die Gertrudenkapelle in Mitleidenschaft gezogen. „Sie ist aber keineswegs komplett zerstört worden", erklärt Katrin Peter-Bösenberg. Architekt und Stadtplaner Alexis de Chateauneuf (1799-1853) erstellte ein Gutachten für den Wiederaufbau und kam zu dem Schluss, dass man die Gertrudenkapelle eigentlich erhalten könne.

St. Gertrude in einer Nische.

19

Doch die Gemeinde habe kein Geld gehabt, „zumal die Preise für Baumaterialien enorm in die Höhe gingen", erzählt die Stadtführerin. Schließlich habe man überall wiederaufgebaut und die Nachfrage überwog das Angebot, sodass die Preise stiegen. „Die Kirchenleitung wollte dann erst einmal abwarten, doch fünf Jahre später, 1847, war immer noch nicht genug Geld da und die Kapelle inzwischen stark einsturzgefährdet. Es war schlichtweg gefährlich, auch für die Menschen, die um die Kapelle herum lebten. Deshalb wurde schließlich der Abbruch beschlossen." In all dieser Zeit, das ist auf alten Bildern zu sehen, stand Gertrud stolz und stark auf dem Pfeiler. Doch dann wurde sie von ihrem Sockel geholt und das Gotteshaus abgerissen.

Das Grundstück sei noch bis 1881 in kirchlichem Besitz gewesen. „Inzwischen war ja viel geschehen, das Deutsche Reich war 1871 gegründet worden", erläutert Katrin Peter-Bösenberg, „die Vororte wuchsen, immer mehr Leute zogen nach Hamburg und irgendwann war klar, dass neue Kirchen gebaut werden mussten." Die Gläubigen, die in den Gebieten östlich der Alster bis nach Barmbek wohnten, hätten in Ermangelung eines eigenen Gotteshauses in dieser Zeit die Kirche in St. Georg besuchen müssen. Man könne aufgrund der Entfernung fast schon von pilgern sprechen, findet die Stadtkennerin. Platz habe es in der dortigen Dreieinigkeits-kirche auch nicht ausreichend gegeben. „Also hat man sich entschieden, eine neue Ge-meinde zu gründen und für diese nördlich des Kuhmühlenteiches eine Kirche zu bauen, die dann der heiligen Gertrud geweiht wurde", berichtet Katrin Peter-Bösenberg. Gertrud von Nivelles (625/626-659) erneut als Kirchenpatronin zu wählen, habe nahegelegen, da die Kirche mit der Stadt Grundstücke tauschte: Der Gertrudenkirchhof

Katrin Peter-Bösenberg blickt zur heiligen Gertrud empor.

kam in städtischen Besitz, und der Bau der neuen Kirche wurde überwiegend aus dem noch vorhandenen Vermögen der Gertrudenkapelle finanziert. Auch fänden das Altarsilber, die Kerzenleuchter und die Altarbibel aus der ersten Gertrudenkirche bis heute Verwendung – zwei Altarbilder, die ebenfalls aus der alten Kapelle gerettet werden konnten, hängen mittlerweile am Seitenaufgang zur Orgel, erzählt sie.

In der Innenstadt ist der Gertrudenkirchhof nicht mehr bebaut worden. Bei der jüngsten Umgestaltung wurde der Platz zum Teil leicht erhöht.

Und was ist das für eine Kirche, die die heilige Gertrud in der Hand hält? Vielleicht, überlegt die Hamburgerin, habe man hier das Gotteshaus symbolisiert – das man unter ihrem Schutz sehen wollte, wie das ja grundsätzlich bei Patronaten der Fall ist.

Und das Gotteshaus zu schützen, das hat sie ja auch tapfer versucht, die heilige Gertrud, selbst dann noch, als es teilweise in Schutt und Asche lag. Bis man sie von ihrem Sockel holte, um die Kapelle abzubrechen. Gegen die Abrisswütigen war sie machtlos. Für Katrin Peter-Bösenberg eines der traurigen Beispiele dafür, wie Hamburg manches Mal mit seinem kulturellen Erbe umgeht.

Eva-Maria Bast

....

So geht's zur Gertrudenfigur:

Sie befindet sich an der Fassade des Hauses Gertrudenkirchhof 6 über dem Hochparterre.

05
Fensterscheibe
Die Supermarkt-Erfinder

„Produktion Hamburg" steht da auf der Fensterscheibe. Und
das kann nun wirklich alles Mögliche bedeuten. Wenn man
aber die Kurzform benutzt – „PRO" – dann klingelt es
zumindest bei allen nicht ganz so jungen Hamburgern.
„Ich geh noch mal schnell zur Pro" war bei vielen ein Synonym für „ich
muss noch rasch etwas einkaufen". So war es auch hier in der Steen-
kamp-Siedlung im Herzen Bahrenfelds. Den Laden gibt es schon lange
nicht mehr, heute sind im Erdgeschoss des Hauses Büros und ein Fri-
seur untergebracht, darüber Wohnungen. Nur die ungewöhnlichen
Fenster im Erdgeschoss, beziehungsweise deren obere Teile, die halb-

kreisförmig sind, erinnern noch an damals. „Früher gab es die PRO-Läden und Supermärkte überall in Hamburg", sagt Burchard Bösche. Bis das unrühmliche Ende kam. Und die Scheiben, hier am Steenkamp/Ecke Am Quickborn, sind das letzte sichtbare Überbleibsel in der Stadt. Es handelt sich aber nicht einfach um die Geschichte einer Ladenkette – die PRO ist ein wichtiger Teil der Historie der Arbeiter- und Genossenschaftsbewegung! Und da kennt sich kaum einer so gut aus wie Burchard Bösche: Als Jurist war er lange für den Zentralverband Deutscher Konsumgenossenschaften tätig, heute arbeitet er im Genossenschafts-Museum am Besenbinderhof. „Die PRO war lange Zeit eine große Erfolgsgeschichte", erklärt er. Gegründet wurde sie schon 1899. „In dieser Zeit bildeten sich im ganzen Land Hunderte solcher Genossenschaften", sagt Bösche. Hintergrund war oft die schiere Not. Denn die meist schlecht bezahlten Arbeiter waren oft bei den Krämern verschuldet – sie ließen „anschreiben" oder bekamen nur minderwertige, oft verfälschte Waren.

Um das zu verstehen, muss man sich die Gesellschaftsordnung im damaligen Deutschen Reich vor Augen führen. Viele Bürger schauten eher verächtlich auf die Arbeiter, das „Proletariat", herab: Sie galten als ungehobelt, ungebildet und potenzielle Aufrührer. Ihre in der Regel großen Familien konnten sie mit den kargen Löhnen eher schlecht als recht ernähren. Bei vielen Händlern bekamen sie die „B-Ware" zu überteuerten Preisen. „Deshalb wurden Genossenschaften gegründet, die in eigenen Läden zu günstigen Preisen unverfälschte Lebensmittel und Dinge des täglichen Bedarfs verkauften", erläutert Burchard Bösche. Durch Zusammenschlüsse konnten sie als Großabnehmer billiger einkaufen und entsprechend niedrige Preise anbieten. „Und bald gingen sie auch dazu über, Waren selbst herzustellen."

Einer der entscheidenden Männer dieser Bewegung in Hamburg war Adolph von Elm (1857-1916): Sozialdemokrat, Gewerkschafter und leidenschaftlicher Genossenschaftler. Er wollte mehr als „nur" günstige Waren für die Arbeiter, er wollte durch die Eigenproduktion eine „Demokratisierung der Wirtschaft" einleiten. Die PRO, die auch Wohnungsbau betrieb, entwickelte sich jedenfalls prächtig. Die erste „Verkaufsstelle", wie die Läden genannt wurden, eröffnete am 17. Juli 1899 am Großneumarkt. Zehn Jahre später gab es schon 99 Läden

und 1914 fast 75.000 Mitglieder. Die wichtigsten eigenen Betriebe waren eine Großbäckerei und eine Schlachterei, die während des Ersten Weltkriegs zur größten Europas wurde. Da war Hamburg längst die deutsche Hauptstadt der Genossenschaftsbewegung.
Um das zu veranschaulichen, lohnt ein Blick in den Besenbinderhof. Links neben dem Gewerkschaftshaus steht ein 1907 errichteter Bürobau, der heute der Generali-Versicherung gehört. „Dieses Gebäude war die Zentrale der GEG, der Großeinkaufs-Gesellschaft Deutscher Consumvereine", sagt Burchard Bösche. „Die GEG war nicht nur der Großhandel für die PRO und viele andere solcher Genossenschafts-Läden, sondern produzierte in immer größerem Stil selbst Waren und Lebensmittel."

Das alte GEG-Gebäude am Besenbinderhof.

Die GEG war bereits 1894 gegründet worden. „Als erste Reaktion gab es einen Boykottaufruf der Krämer an die Großhändler, mit den Konsumgenossenschaften keine Geschäfte zu machen – ohne nachhaltigen Erfolg", schildert Burchard Bösche. In gewisser Weise waren die Genossenschaften die Discounter der damaligen Zeit. Zwar haben sie bessere Löhne gezahlt als üblich, aber weil sie die Vorteile der Großproduktion nutzten, konnten sie die Waren oft günstiger anbieten. „Widerstände gab es immer wieder", erzählt der Jurist. So hat der Verband der Fabrikanten von Markenartikeln 1907 ein Verkaufsverbot verhängt – weil die Konsumvereine nicht die verlangten Mindestpreise nahmen, sondern mit niedrigeren Gewinnmargen günstiger verkauften. Schließlich mussten die Fabrikanten nachgeben.

Ohnehin stellte die GEG immer mehr Waren selbst her. Der erste Betrieb war 1903 eine Kaffeerösterei in Hamburg. Es folgten Mühlen, Bäckereien, Fisch- und Konservenfabriken, Tabakwaren- und Kleiderfabriken, Seifenproduktion und vieles mehr. „Die Genossenschaften hatten eine sehr bedeutende Stellung erreicht, und daran änderte sich auch nach dem Ersten Weltkrieg nichts", sagt Bösche. Im Gegenteil: Immer mehr Unternehmen kamen hinzu, auch Versicherungen, wie die 1913 in Hamburg gegründete Volksfürsorge, und mehrere Banken.

Einen tiefen Einschnitt bedeutete die Machtübernahme der Nationalsozialisten 1933. „Schon zuvor hatte es heftige Auseinandersetzungen gegeben", erzählt der Hamburger. Denn die Genossenschaften standen den Gewerkschaften und der SPD (die KPD spielte bei den Genossenschaften kaum eine Rolle) nahe und waren deshalb Feindbilder für die Nazis. Eingeworfene Scheiben in den PRO-Läden wurden zum Alltag – allein 1932 betrug der Schaden nur in Hamburg 45.000 Mark. Doch nach dem 30. Januar 1933 wurden GEG und PRO gleichgeschaltet, es gab Hunderte Verhaftungen – und Verzweiflungstaten. So sprang der Betriebsratsvorsitzende der GEG-Druckerei Joseph Purrucker im April vom Dach, als die Gestapo erschien.

„Die PRO war lange Zeit eine große Erfolgsgeschichte."

1945, nach dem Zweiten Weltkrieg, konnten die Genossenschaften aber ihre Organisationen rasch wieder aufbauen. „Auch weil die britische Besatzungsmacht in Hamburg starke Genossenschaften aus ihrer Heimat kannte", erläutert Burchard Bösche. Die PRO sorgte in diesen Jahren sogar für eine Revolution im Einzelhandel. „Am 30. August 1949 wurde am Berliner Tor der erste Selbstbedienungsladen in Deutschland eröffnet." Es war die Geburtsstunde des Supermarkts.

Anfang der 1960er-Jahre erlebten die Konsumvereine ihren Höhepunkt: Bundesweit gab es fast 10.000 Geschäfte, rund 2,6 Millionen Menschen waren Mitglied. Doch dann begann der Abstieg, auch weil Supermarkt-Ketten mit großen Ladenflächen den eher kleinen Märkten Konkurrenz machten. „Als eine Reaktion wurde 1969 coop als Marke eingeführt", schildert Bösche die Folgen. „Und es begann eine Debatte, ob die Genossenschaftsform noch zeitgemäß sei." Das mündete in der Gründung der coop-Aktiengesellschaft. In dieser AG gingen viele Genossenschaften auf: auch die GEG.

„Das endete in einem Desaster", sagt der Hamburger. Es folgten Misswirtschaft und Betrügereien und damit der coop-Skandal, der

1988 zur Verhaftung des Vorstandschefs Bernd Otto führte. „Das Unternehmen wurde anschließend an eine Metro-Tochter verkauft", erklärt Bösche. Die PRO in Hamburg gab es aber noch. Die 173 Läden gingen an zwei Genossenschaften, die den Weg zur Aktiengesellschaft nicht mitgegangen waren: die Konsumgenossenschaft Dortmund-Kassel und die coop Schleswig-Holstein, die allerdings 1998 aus dem Hamburger Gemeinschaftsunternehmen ausstieg. Im selben Jahr wurde die Dortmunder Firma liquidiert – und die PRO wieder verkauft, diesmal an die SPAR.

„Tot ist die Idee der Konsumgenossenschaften aber nicht", betont Bösche. So betreibt die Kieler coop eG 175 Sky-Märkte, macht 1,3 Milliarden Euro Jahresumsatz, beschäftigt 9000 Mitarbeiter und ist damit der größte Arbeitgeber Schleswig-Holsteins. Viele Konsumgenossenschaften sind neu gegründet worden. Die Mitgliedschaft im Zentralverband deutscher Konsumgenossenschaften stieg in den letzten 15 Jahren von 57 auf fast 400.

GEG und PRO aber haben nicht überlebt. Übrig geblieben sind nur einige Gebäude – und die Fensterscheiben am Steenkamp in Bahrenfeld.

Sven Kummereincke

So geht's zur Fensterscheibe:

Sie befindet sich am Steenkamp/Ecke Am Quickborn.
Und zum GEG-Haus geht es so: Am Besenbinderhof, links neben dem Gewerkschaftshaus, ist die alte Genossenschaftszentrale.

In dieser Idylle an der Alster erholte sich Marquis de la Fayette von seiner jahrelangen Kerkerhaft.

06

Wanderweg
Der Marquis in der Provinz

Noch heute ist es ein beschauliches Plätzchen, das viele Hamburger als Naherholungsgebiet nutzen. Die Alster fließt gemächlich dahin, die alte Schleuse erinnert an die Zeiten, als der kleine Fluss noch wichtiger Transportweg für Waren war, und das viele Grün macht die Idylle perfekt: ein Paradies für Spaziergänger. Wie ruhig und beschaulich muss es hier, an der Poppenbütteler Schleuse (siehe Geheimnis 36), dann erst Ende des 18. Jahrhunderts gewesen sein, als es außer ein paar Bauernstellen und einem Vogthof nichts als Felder und Natur gab! Und vielleicht war es deswegen der ideale Ort für einen weltberühmten Mann, um sich 1797 von den schlimmsten Jahren seines Lebens zu erholen: Marie-Joseph du Motier, Marquis de La Fayette (1757-1834). Doch was machte der weltberühmte französische Hochadlige, Revolutionsheld und General im amerikanischen Unabhängigkeitskrieg ausgerechnet in Poppenbüttel? Er wollte wieder zu Kräften kommen, nachdem er fünf Jahre lang in preußischen und österreichischen Kerkern gesessen hatte. Und dass er wieder herauskam, lag auch an Freunden, die er in Hamburg hatte. Freunde, die er nicht einmal kannte. Es gibt also einiges zu erklären...

La Fayette wird 1757 als Adliger in das Frankreich des Absolutismus unter Ludwig XV. geboren. An seinen Vater hat er keine Erinnerungen – der starb schon 1759 im Siebenjährigen Krieg (1756-1763) in der Schlacht von Minden, getötet von einer englischen Kugel. Der Heranwachsende ist voller Rachegedanken gegen die Briten. Schon als Zwölfjähriger wird er Vollwaise – und mit 17 ein verheirateter Mann. Seine Familie arrangiert die Ehe mit der jüngeren Marie Adrienne Françoise de Noailles (1759-1807), die noch mehr Geld mitbringt, als La Fayette ohnehin schon hat. Der junge Adlige schlägt die Offizierskarriere ein, das Paar wird bei Hofe in Versailles eingeführt. Doch aus dem überprivilegierten Leben am Rande der Dekadenz wird nichts: La Fayette kann mit dem Hofleben nichts anfangen. Er wird Frei-

„Die Gefangenschaft ist die größte Grausamkeit des Jahrhunderts."

maurer und begeistert sich für radikale Ideen: dass alle Menschen die gleichen Rechte haben, für die Freiheit und die Befreiung der Sklaven. Als 1775 die ersten Nachrichten vom Aufstand der amerikanischen Siedler gegen die britische Kolonialmacht Europa erreichen, ist das für den jungen La Fayette ein Fanal.

Am 4. Juli 1776 erklären sich die Amerikaner für unabhängig, ein Dreivierteljahr später schifft sich La Fayette ein – obwohl seine Frau schwanger ist. Die Familie ist entsetzt (aber nicht, weil er seine Frau allein lässt). In Amerika wird er Adjutant eines gewissen George Washington (1732-1799) und hat entscheidenden Anteil an den ersten militärischen Erfolgen der Rebellen-Armee. „Das Glück Amerikas ist auf das engste verbunden mit dem Glück aller Völker", schreibt er. Auf Washingtons Bitte kehrt er 1780 nach Frankreich zurück: Er soll Waffen und Freiwillige für den Kampf gegen Frankreichs Erbfeind Großbritannien rekrutieren. Das ist ein persönlicher Triumphzug, denn der Krieg gegen England ist in seinem Heimatland ungeheuer populär. Wieder zurück in Amerika, zeichnet sich der zum General beförderte Franzose erneut aus und wird zum Helden, den noch heute jedes Kind in den USA kennt.

Bei seinen französischen Standesgenossen aber hat sich La Fayette unmöglich gemacht. Doch auch in Frankreich rumort es jetzt. Als 1789 die Revolution ausbricht, ist der jetzt 32-Jährige an vorderster Front dabei. Mit Thomas Jefferson (1743-1826) formuliert er die Menschen- und Bürgerrechte und übernimmt nach dem Sturm auf die Bastille den Befehl über die Nationalgarde. Lafayette, wie er sich jetzt schreibt, ist sehr beliebt. Er ist Revolutionär, aber kein Radikaler – ihm schwebt eine konstitutionelle Monarchie vor, keine Republik. Als der König nach einem Fluchtversuch in Kerkerhaft genommen wird und Lafayette protestiert, wird er als Verräter gebrandmarkt – und flieht seinerseits. Die Krieg gegen Frankreich führenden Preußen nehmen ihn 1792 gefangen. Zwei Jahre ist er in Haft, dann wird er den Österreichern übergeben, die ihn in Olmütz einkerkern.

Der Alsterwanderweg ist heute eine beliebte Joggingstrecke.

Lafayettes Frau Adrienne, die seine Ansichten immer geteilt hat, flieht auch aus Frankreich – ins neutrale Hamburg. Dort wird der Marquis in aufgeklärten Kreisen verehrt. Der Hamburger Kaufmann Johann Georg Sieveking (1743-1799) und der Publizist Johann Wilhelm von Archenholz (1741-1812) setzen sich für ihn ein: In seiner Zeitschrift „Minerva" fordert von Archenholz immer wieder die Freilassung des „politischen Gefangenen", wie man heute sagen würde. „Die Gefangenschaft ist die größte Grausamkeit des Jahrhunderts", schreibt er. Zunächst ändert das nichts.

Adrienne Lafayette reist nun nach Olmütz und teilt freiwillig die Haft mit ihrem Mann – drei Jahre lang. Was für eine Frau! Auch die beiden kleinen Töchter Anastasie (1777-1863) und Virginie (1782-1849) kommen mit in die Festung. 1797 kommt die Familie endlich frei – auch weil die Proteste in ganz Europa nie verstummt waren. Lafayette und seine Familie werden dem Französischen Gesandten in Hamburg übergeben. In Frankreich ist das Terrorregime der Jakobiner überwunden, doch Lafayette zögert mit der Rückkehr. Er geht auf das damals holsteinische Gut Poppenbüttel, das unter Hamburger Verwaltung steht, um sich von der Kerkerhaft zu erholen.

Wie lange genau er dort bleibt und was er dort tut, ist nicht überliefert – es werden wahrscheinlich einige Monate gewesen sein, in denen er frische Luft und freien Blick genoss. Und wahrscheinlich bekam er Besuch seiner Hamburger Unterstützer, auch wenn es dafür keine Belege gibt. Doch bald zieht es ihn zurück in seine Heimat. Dort ist Napoleon Bonaparte (1769-1821) mittlerweile an der Macht und verwandelt das revolutionäre Land in ein Kaiserreich. Lafayette lebt als Privatier und zieht sich auf sein Landgut zurück, weil er Napoleons Politik verachtet. Er ist es, der 1815, nach Napoleons letzter Schlacht bei Waterloo, den Antrag auf Absetzung des Kaisers stellt. Doch seine politischen Träume werden wieder bitter enttäuscht: Die Bourbonen können als Könige auf den Thron zurückkehren und regieren so, als hätte es die Revolution nie gegeben! Frustriert zieht er sich erneut zurück – um 1830 als 73-Jähriger die öffentliche Bühne noch einmal zu betreten. Diese neuerliche Revolution sieht Lafayette wieder als Befehlshaber der Nationalgarde. Nun kommt der „Bürgerkönig" Louis-Philippe (1773-1850) auf den Thron. Lafayette sieht seine Ideale abermals verraten – noch vier Jahre lang. Dann stirbt er. Weltweit verehrt – und manch Poppenbütteler wird seiner besonders gedacht haben, wenn er den Alsterwanderweg entlangschlenderte.

Sven Kummereincke

··

So geht's zum Wanderweg:

An der kleinen Straße Marienhof gelangt man über die Schleusenbrücke zum Wanderweg.

Ein Teil des Konfirmationsspruchs.

Konfirmationsspruch

07

Tiefgründiges am Neuen Wall

„Ich finde das ungemein anrührend", sagt die Hamburgerin Barbara Edye, legt den Kopf in den Nacken und blickt an der Fassade empor. Sie steht vor einem Haus am Neuen Wall – das in der Tat ungewöhnlich ist: Es ist teilweise mit blauen Kacheln verkleidet, vier Frauenköpfe blicken auf die unten Vorbeieilenden herab. Und wenn man ganz genau hinsieht, kann man sogar erkennen, dass hoch oben unter den Fenstersimsen etwas geschrieben steht: *Fürchte dich nicht, denn ich habe dich erlöst, ich habe dich bei deinem Namen gerufen, du bist mein!* „Das ist ein Spruch aus dem Buch Jesaja", sagt die Stadtführerin. Dass er hier angebracht ist, hat einen ganz besonderen Grund: „Es handelt sich um den Konfirmationsspruch der verstorbenen Besitzerin Lotte Zscherpe." Das 1904 gebaute Haus war im Zweiten Weltkrieg schwer beschädigt und anschließend mit grauen Klinkern verkleidet worden. Wie gut, dass es in die Hände von Lotte Zscherpe fiel! Denn die ließ es so wiederherstellen, wie es vor dem Krieg ausgesehen hatte. Dem Hamburger Abendblatt sagte sie 2007 nach Fertigstellung der Restaurierung unter der Leitung von Architektin Nathalie Göttling: „Die rekonstruierte Fassade ist mein Lebenswerk. Das Haus ist in den Urzustand zurückversetzt."

31

Zum Glück hatten sich auf dem Dachboden noch alte Original-fliesen gefunden, sodass man genau wusste, wie die Kacheln, die Lotte Zscherpe nun herstellen ließ, auszusehen hatten. In 1600 Stunden wurden die plastischen Stücke von Hand angefertigt.

Was heute der Zierde dient, war zur Erbauungszeit des Hauses zu einem großen Teil Pragmatismus: „Bis Anfang des 20. Jahrhunderts standen hier am Neuen Wall hauptsächlich Wohnhäuser", sagt Barbara Edye. „Und dann ging der Bauboom für die Kontorhäuser los und auch der Verkehr stieg an. Die Kacheln waren gut gegen den Ruß und die Verschmutzung, die durch Heizungen und Abgase entstanden. Sie waren pflegeleicht und einfach zu reinigen."

Barbara Edye blickt zum Spruch empor.

Bevor Lotte Zscherpe, von Beruf Musikerin, Eigentümerin des Hauses wurde – „sie erbte es, es wurde immer an die Frauen der Familie weitergegeben", sagt Barbara Edy – arbeitete sie bei ihrem späteren Mieter, dem namhaften Hutmacher P. M. Pinçon & Co als Verkäuferin. „Das war eine richtige Institution", begeistert sich Barbara Edye. „Hier kaufte sogar Bismarck, und der hatte Hutgröße 60!" Und übrigens: Das Geschäft W. Weitz, das heute noch Mieter im Erdgeschoss ist, war damals schon dort beheimatet. Hier wurden und werden die verlockendsten Porzellanwaren zum Kauf angeboten. Barbara Edye bestätigt: „Der Neue Wall ist *die* Einkaufsstraße in Hamburg. Dort so etwas Besinnliches wie einen Konfirmationsspruch anzubringen, finde ich schon sehr, sehr ungewöhnlich."

Eva-Maria Bast

So geht's zum Konfirmationsspruch:

Er befindet sich hoch oben am Gebäude Neuer Wall 26/28.

08

Jakobus-Portal

Hamburger Kogge in wichtiger Mission

„Möchten Sie gern mal einen Blick ins Paradies riskieren?", fragt Dr. Christina Linger. Was für eine Frage! Wer möchte das nicht? Die Archäologin steuert zielsicher auf das Westportal der Hauptkirche St. Jacobi zu. An dessen Bronzetüren findet sich eine ausgesprochen ungewöhnliche Darstellung aus dem Jahr 1966, geschaffen von Prof. Jürgen Weber (1928-2007). Die Bronzetüren des Portals sind als riesiger Vorhang gestaltet, auf dem allerlei Szenen dargestellt sind – in der Mitte ist er einen Spalt geöffnet und erlaubt einen Blick auf den Erzengel Michael, der mit einer Lanze den Eingang bewacht. „Hinter diesem Vorhang soll das Paradies sein", sagt die gebürtige

Hamburgerin – und so ist es gewissermaßen auch, zumindest führt die Tür in den geweihten Kirchenraum. „Auf dem Vorhang ist die Geschichte des heiligen Jakobus dargestellt bis zu seinem Tod." So weit, so verständlich, denn schließlich handelt es sich hierbei um die Jacobikirche. Wo aber ist die Verbindung zu Hamburg? Die Geschichte des heiligen Jakobus ist zwar ohne Frage eine spannende und sehr berührende, mit der Hansestadt hat sie aber erst mal nichts zu tun – außer natürlich insofern, dass ein Teil des Jakobsweges hindurchführt. Christina Linger hat auf dem bronzenen Vorhang aber sehr wohl einen Hamburg-Bezug entdeckt. „Und der verweist darauf, wie eng die Hansestadt mit dem Pilgerweg verbunden ist." Sie deutet auf das Schiff, das ganz rechts unten auf dem Vorhang abgebildet ist. „Sehen Sie die Hamburger Kogge?", fragt Christina Linger. „Sie trägt das Hamburgwappen und ist unterwegs nach Santiago de Compostela." Denn die Hamburger, erzählt die Stadtführerin, hätten seit der Enthauptung des Piraten Klaus Störtebeker (um 1360-1401) alljährlich eine Dankesfahrt nach Santiago de Compostela unternommen – mit einer Hamburger Kogge. „Sie waren einfach erleichtert, dass es den großen Piraten nun nicht mehr gab und sie sich sicherer fühlen konnten", erklärt Christina Linger. „Und Gödeke Michels wurde ja auch hingerichtet." Wie Störtebeker war auch Michels ein Seeräuber, der die Menschen – vor allem die Kaufleute – in Angst und Schrecken versetzte. Beide gehörten der Gruppe der „Vitalien-Brüder" an. „Die haben hier lange Zeit ihr Unwesen getrieben, wobei ich das jetzt nicht schlechtmachen will – sie hießen ja auf Plattdeutsch auch Likedeeler,

Prachtvoll – und voller Geheimnisse: die Bronzetüren des Westportals von St. Jacobi. Ganz rechts ist die Hamburger Kogge zu sehen.

das bedeutet Gleichteiler. Mit der heutigen Piraterie kann man das vielleicht nicht so ganz vergleichen", kommentiert die Archäologin.

Und noch einen weiteren Hamburg-Bezug gibt es auf der Bronzetür direkt neben einem Piratenschiff: Zu sehen ist die Stadt als Ausgangspunkt der historischen Pilgerfahrt. „Wobei ich nicht so ganz glauben kann, dass Hamburg der Initiator der historischen Pilgerfahrten war. Da streiten sich die Gelehrten", sagt Christina Linger. Wie auch immer: Jedenfalls befinden sich auf der Bronzetür der Mariendom, die Petri-Kirche, St. Jacobi und St. Gertrud. Der Michel allerdings noch nicht. Demnach ist auf der Tür eine Szene dargestellt, die vor 1647 spielte – denn in diesem Jahr begann der Bau der Hauptkirche St. Michaelis.

In St. Jakobi, das schon immer eine Pilgerkirche oder -kapelle war (damals außerhalb der Stadttore) und im Jahre 1255 auf dem mittelalterlichen Pilgerweg von Lübeck nach Hamburg errichtet wurde, halten damals wie heute Pilger auf ihrer Wanderung inne. Rund 2500 Kilometer haben sie von hier aus noch vor sich. „Der Pilgerweg geht am Alsterufer entlang, durch die Spitalerstraße, kommt hier zur Pilgerkirche und geht dann weiter die Steinstraße runter. Diese Strecke gehört zum Baltischen Weg, das ist schon einer der Hauptpilgerwege", erklärt Christina Linger, die den Jakobsweg selbst noch nie gegangen ist, es aber gerne einmal tun würde. „Die Pilger holen sich in der Kirche den Segen des Pilgerpfarrers. Allerdings gehen sie nicht durch dieses Portal, das ist geschlossen, sondern durch ein anderes." So einfach ist der Weg ins Paradies dann eben doch nicht.

„Wobei ich nicht so ganz glauben kann, dass Hamburg der Initiator der historischen Pilgerfahrten war. Da streiten sich die Gelehrten."

Eva-Maria Bast

So geht's zum Jakobus-Portal:

Es ist das Westportal an der Hauptkirche St. Jacobi. Die Kirche steht am Jakobikirchhof 22.

Verstecktes Fachwerk

Das Haus, das den Brand überstand

I n der Tat! Es funktioniert! Man stelle das Sprichwort „Vorne hui, hinten pfui" auf den Kopf und erhält – genau: Vorne pfui, hinten hui. Das trifft zumindest dann zu, wenn man vor dem hohen Eisentor an der Börsenbrücke steht. Hier ist es wirklich nicht gerade hübsch, zumal neben dem Tor auch noch riesige Mülltonnen zu Hause sind – und zwar nicht nur vorübergehend, weil sie auf die Müllabfuhr warten, sondern sie stehen eigentlich immer da. Ignoriert man das Pfui im Vordergrund und späht durch die Feuergasse, entdeckt man hinten – hui! – ein Fachwerkhaus inmitten von neueren Gebäuden. „Wir befinden uns hier im alten Zentrum von Hamburg",

erklärt Isgard Rhein, die in der Innenstadt Partnerin in einer Anwaltskanzlei ist und nebenher seit 25 Jahren Gäste und Einheimische durch die Stadt führt. „Vom alten Hamburg ist heute kaum noch etwas zu erkennen, weil das Gebiet hier beim Großen Brand 1842 zerstört wurde. Eigentlich alle Gebäude wurden Mitte bis Ende des 19. Jahrhunderts gebaut, also nach dem Großen Brand. Es hat ja ein bisschen gedauert, insbesondere mit der Planung des neuen Rathauses." Von den mittelalterlichen

Überraschung: ein altes Fachwerkhaus!

Gebäuden sei in diesem Teil der Stadt alles zerstört – bis auf dieses Haus! Und das sieht man eben auch nur, wenn man in den Hinterhof späht, denn die Vorderseite des Gebäudes wurde umgestaltet. „Das Fachwerkhaus weist hier hinten auch den typischen Wandvorsprung auf", begeistert sich die Juristin. „In der Deichstraße, wo der Brand begonnen hat, da stehen noch ein paar Gebäude, die rekonstruiert und restauriert worden sind. Aber hier, wenn man den historischen Kern

Isgard Rhein steht vor der schmalen Gasse.

nimmt, ist das tatsächlich das letzte Stückchen Gebäude aus der Zeit vor dem Großen Brand." Damals gab es vielerorts noch die typischen alten Bürgerhäuser, in denen die Kaufleute arbeiteten, die aber auch gleichzeitig als Warenlager und Wohnhaus für die Familie dienten. Die ärmeren Leute lebten in den Gängevierteln: sehr beengt in schmalen, dunklen Gassen, die oft einer Kloake glichen, sodass sich Krankheiten schnell verbreiteten. Aber auch die Häuser der Wohlhabenden standen eng aneinander, gebaut mit viel Holz, sodass sich das Feuer 1842 problemlos ausbreiten konnte.

„Vom alten Hamburg ist heute kaum noch etwas zu erkennen, weil das Gebiet hier beim Großen Brand 1842 zerstört wurde."

Und auf noch etwas weist die Stadtführerin hin: „Wenn man den Wegverlauf dieses Hinterhofs betrachtet, kann man erkennen, dass er eine kleine Kurve macht. Und das hängt damit zusammen, dass hier ursprünglich mal ein Fleet lief, er wurde 1877 zugeschüttet." Daran lasse sich erkennen, dass dieses Haus einst zu den bevorzugten Häusern gehört habe. „Bis zum Großen Brand war ja Leben, Wohnen und Arbeiten in einem Gebäude untergebracht. Und deshalb war es geschickt, wenn man die Anlieferung wasserseitig und straßenseitig haben konnte." Die Fleete spielten eine große Rolle in der Stadt, und es gab auch die sogenannten Fleetenkieker, die sich um sie kümmerten und sie schiffbar und von Gegenständen frei hielten. Doch das ist eine andere Geschichte, die wir schon in Band 1 der „Hamburger Geheimnisse" erzählt haben – und die damit für unsere Leser kein Geheimnis mehr ist!

Eva-Maria Bast

So geht's zum versteckten Fachwerk:

Zwischen den Gebäuden Börsenbrücke 3 und 5 hindurchschauen. Die Vorderseite des Hauses hat die Adresse Große Bäckerstraße 10.

*Frank Tarnosky steht vor der sehr speziellen
Schaufenster-Dekoration.*

Wellenreiterin
Denkmal im Denkmal

E in Durchschnittsladen im Herzen der Hamburger City ist
das wirklich nicht. Die einen mögen nur Augen haben für
die hochwertige Mode in dem Geschäft, die anderen das
Haus bestaunen, in dem es untergebracht ist: Denn das
denkmalgeschützte Hulbehaus an der Mönckebergstraße ist mit seinem flandrischen Baustil und den vielen Zierelementen ein echter
Hingucker. Jetzt geht es aber um ein Detail, das im rückseitigen Schaufenster zu sehen ist, zwischen modischen Jacken, Hosen und Mützen:
ein ganz besonderes Relief, das schon reichlich Patina angesetzt hat.
Es zeigt eine Frau, die von zwei Pferden durch die Wogen des Meeres

gezogen wird. Hinter ihr steht ein Knabe, der eine Flagge schützend über sie hält, ein weiterer nähert sich auf einem Delfin mit einem Brief in der Hand. „Diese ganz spezielle Deko war einmal Teil eines großen Ensembles", weiß Frank Tarnosky. „Es ist eines der Seitenreliefs des Kaiser-Wilhelm-Denkmals, das früher auf dem Rathausmarkt stand",

Die Frau, von Pferden durchs Meer gezogen, symbolisiert Hamburgs freie Schifffahrt.

erzählt der Lüneburger Hobby-Historiker. Das Denkmal sagt auch viel aus über Hamburger Langsamkeit, die Konkurrenz zum ehemals eigenständigen Altona, den Bürgerstolz der Hanseaten – und über ihren unromantischen Umgang mit Denkmälern. Denn das einst den Rathausmarkt prägende Ensemble ist heute zerrissen und ziemlich weit verstreut. Kaiser Wilhelm I. (1797-1888) war eine Art Übervater der Deutschen. Nach der Reichsgründung 1871 regierte er noch 17 Jahre, bis er im greisen Alter von 91 Jahren

starb. In den folgenden Jahren und vor allem zu seinem 100. Geburtstag 1897 entstanden in ganz Deutschland Hunderte von Denkmälern für „Barbablanca", wie man den weißbärtigen Monarchen in Anlehnung an den mittelalterlichen Kaiser Friedrich Barbarossa („Rotbart") nannte. Eifrig war auch Altona, das damals zu Preußen gehörte: Pünktlich präsentierte es eine Reiterstatue zwischen Rathaus und Bahnhof, die auch heute noch dort steht. Die Hamburger waren zu der Zeit noch nicht einmal über das Stadium der Planung hinausgekommen! „Obwohl man bereits 1889 eine Kommission eingesetzt hatte", bemerkt Tarnosky. Die wollte das Denkmal auf der Reesendammbrücke errichten – ein gutes Stück entfernt vom im Bau befindlichen Rathaus, das 1897 vollendet wurde. „Denn der Prachtbau war Stein gewordener Bürgerstolz, und viele Hanseaten wollten keinen preußischen Monarchen in der Nähe haben", beleuchtet er den Hintergrund der Entscheidung. Doch der Standort am Reesendamm wurde abgelehnt, die Bürgerschaft entschied sich nach langem Zank für den Rathausmarkt. Weil dort aber viele Straßenbahnen verkehrten, deren Trassen man hätte verlegen müssen, schob man das Projekt auf die lange Bank.

Das war manchen 1897 wohl peinlich, schließlich feierte das ganze Reich den 100. Geburtstag pompös, sodass der Senat Vorschläge zur Verlegung der Straßenbahn machte. Es dauerte dann noch bis 1903, bis – in Anwesenheit von Kaiser Wilhelm II. – das Denkmal eingeweiht wurde. Die 11,5 Meter hohe Reiterstatue war Teil eines Ensembles mit vier wuchtigen Fahnenmasten, die in Anlehnung an den Markusplatz in Venedig gestaltet wurden. „Zwei von ihnen stehen noch heute auf dem Platz", sagt Frank Tarnosky.

Die Gestaltung war durchaus „tricky", wie man es heute nennen würde: In Altona schaut der Monarch, das Rathaus im Rücken, auf die Bürger herab. In Hamburg schaut der Kaiser auf das gewaltige Rathaus, die in der Fassade symbolisierten bürgerlichen Tugenden stehen weit über ihm – ganz bestimmt keine zufällige Symbolik!

„Interessanter als das nicht ungewöhnliche Reiter-Standbild sind aber die anderen Details, vor allem die Reliefs im Sockel und die allegorischen Gruppen", erzählt Frank Tarnosky. Denn sie symbolisieren die ganz praktischen Vorteile der Reichsgründung, mit der Hamburg ja seine Selbstständigkeit verlor. Da geht es dann um einheitliche Münzen und Maße, das gemeinsame Recht, aber auch um die neue Sozialgesetzgebung und Erfindungen wie das Telefon. Die Reliefs im Denkmalsockel zeigen auf der einen Seite die neue Reichsflagge, unter der sich zwei Figuren, die Nord und Süd symbolisieren, die Hand reichen. Das andere Sockelrelief ist heute im Schaufenster des Hulbe-Hauses zu sehen. Tarnosky: „Es symbolisiert den für Hamburg so wichtigen Seehandel, der nun

„Es ist eines der Seitenreliefs des Kaiser-Wilhelm-Denkmals, das früher auf dem Rathausmarkt stand."

unter dem Schutz des ganzen Reiches – die Flagge – und des Gesetzes – das Buch des Jungen auf dem Delfin – steht."

Warum aber wurde das Denkmalensemble abgebaut? Das hatte politische Gründe. Denn trotz der trickreichen Symbolik stand der alte Kaiser natürlich für die Monarchie. Und die war nach dem Weltkrieg in demokratischen Zeiten, zumal in der alten Stadtrepublik, diskreditiert. So wurde 1929 auf Anregung des legendären Oberbaudirektors Fritz Schumacher (1869-1947) die Anlage demontiert – nur die Fahnenmasten blieben stehen.

Denkmal und allegorische Figuren fanden vor dem Ziviljustizgebäude einen neuen Platz. 1961 kam das Denkmal wegen der Umbauten an die Wallanlagen nahe dem Karl-Muck-Platz. Die Figuren wurden eingelagert, kurz auf dem Rathausmarkt ausgestellt, kamen erneut vor die Gerichtsgebäude und schließlich 1997 wieder zum Kaiser-Denkmal.

Das Hulbehaus steht an der Mönckebergstraße neben der Petri-Kirche.

Ein Mast steht heute auf einem Hinterhof an der ABC-Straße – und die beiden Reliefs landeten im Schaufenster: eines im Hulbehaus, das andere in einer Filiale am Gänsemarkt. Seit 1992 sind sie dort zu sehen, damals schloss der Inhaber des Geschäfts – der mehrfache Segel-Weltmeister Thomas Friese – per Handschlag einen Leihvertrag mit dem Denkmalamt ab. Er wollte den Skulpturen einen würdigen Platz geben.

2011 gab es eine Debatte darüber, den Kaiser auf den Rathausmarkt zurückzuholen. Der Politologe Hans J. Kleinsteuber (1943-2012) – keineswegs ein Konservativer – hatte das in einem Beitrag für das „Hamburger Abendblatt" vorgeschlagen. Die Reaktionen waren allerdings durchweg negativ, sodass die Debatte schnell verstummte. Doch eines Tages wird sie bestimmt erneut aufkommen...

Sven Kummereincke

So geht's zur Wellenreiterin:

Sie befindet sich auf der Rückseite des Hauses Mönckebergstraße 21.

Jürgen Kinter zeigt die alten Bier-Buddeln vor der Geschichtswerkstatt Barmbek.

Bier-Buddel

Als Barmbek noch ein „c" hatte

E inmal im Jahr kann man es sehen, das alte Schild. Dann steht an dem U-Bahnwagen das Ziel der Fahrt: „Barmbeck". Es ist ein Museumszug, der dann durch Hamburg fährt – beim „Verkehrshistorischen Tag". Ansonsten ist das „c" in Hamburgs Ortsnamen aus dem Stadtbild verschwunden, das ist in Barmbek nicht anders als in Eil- und Wandsbek. Man muss schon lange suchen, um doch noch ein Relikt zu entdecken - und wird fündig in einem Schaufenster am Wiesendamm in Barmbek. Dort stehen zwei alte Bier-Buddeln der sage und schreibe *Barmbecker Brauerei*. „Die Flaschen stammen vermutlich aus den 20er-Jahren", sagt Jürgen Kinter. Er arbeitet in der Geschichtswerkstatt Barmbek, in deren Schaufenster die Buddeln stehen. „Das *c* in den Ortsnamen wurde 1946 durch

Senatsbeschluss getilgt", erklärt er. „Die Barmbecker Brauerei gab es da schon lange nicht mehr."

Es gibt also zwei Geschichten zu erzählen – beginnen wir mit dem Lieblingsgetränk der Deutschen. Hamburg war immer eine Bierstadt, im Mittelalter gab es mehr als 400 Brauereien – man sprach auch vom „Brauhaus der Hanse". Diese ungeheure Vielfalt hat sich bis ins frühe 20. Jahrhundert erhalten, als fast jeder größere Stadtteil zumindest *eine* Brauerei hatte. „In Barmbek gab es zum einen die Concordia-Brauerei, die später Burg-Brauerei hieß, und eben die Barmbecker", erzählt Jürgen Kinter. Letztere hatte ihren Sitz (nomen est omen) in der Gluck-straße, wo sie 1879 gegründet wurde. Berühmt war sie wegen ihres Salvator- und des Bockbieres. Und in einer Anzeige aus den 90er-Jahren des 19. Jahrhunderts wirbt sie damit, dass sich in ihren „geräu-migen Stallungen 25 junge, kräftige Pferde dänischer Rasse" befänden, die den „Verkehr mit der Stadtkundschaft besorgen". Ausgeschenkt wurde auch in der Innenstadt, wo die „Barmbecker Bierhalle" betrie-ben wurde – heute steht dort das „Thalia-Theater".

„Damals erlebte Barmbek im Zuge der Industrialisierung ein un-geheures Wachstum", erklärt Jürgen Kinter. Vor allem nach dem Bau

Die beiden alten Bier-buddeln stehen im Schaufenster der Geschichtswerkstatt Barmbek am Wiesen-damm.

der Speicherstadt 1888 zogen viele Hafenarbeiter, die ihre Wohnungen verloren hatten, nach Barmbek – und brachten ihre Kneipenkultur mit. Fast an jeder Ecke gab es Gaststätten, wo Bier aus dem Stadtteil ausgeschenkt wurde. Im 20. Jahrhundert begann der Konzentrationsprozess in der Branche. 1917 über-nahm die Tivoli-Brauerei aus Eidelstedt die „Barm-becker", 1921 wurden beide von der Bavaria geschluckt, die Dutzende kleinere Betriebe aufkaufte. Das ging so weiter, bis es nur noch die Holsten-Brauerei in Altona gab, die heute zum dänischen Carlsberg-Konzern gehört. Erst im 21. Jahrhundert gab es wieder ein paar Neugründungen, so wird zum Beispiel im Schanzenviertel das traditionelle „Rats-herrn-Pils" wieder gebraut.

Doch zurück zum „c". „Es handelt sich um ein Dehnungs-C", erklärt Jürgen Kinter. „Barmbeck" wurde keinesfalls kurz ausgesprochen, sondern langgezogen. So wie alle norddeutschen Orte mit dieser Endung, die immer auf einen Bach (niederdeutsch: Bek) verweisen. Begonnen hat die Umbenennung in Schleswig-Holstein. Am 1. September 1877 gab die preußische Provinzialregierung in Schleswig einen Erlass heraus, dass aus allen Ortsnamen, die mit „-beck" enden, „-bek" werden muss. Denn das Dehnungs-C ist nur in Norddeutschland gebräuchlich, und mit dem Wegfall sollte die einheitliche Aussprache im seit 1871 geeinten Deutschen Reich gefördert werden. Dieser Erlass betraf Dutzende Gemeinden und Städte – auch Wandsbek, das damals zum preußischen Holstein gehörte. Doch der offenbar traditionsbewusste Bürgermeister Wilhelm Lesser (1812-1889) weigerte sich und wies seine Mitarbeiter an, das „c" weiter zu verwenden. Zwei Jahre später musste er nach Intervention des Landrats klein beigeben.

„Hamburg aber gehörte nicht zu Preußen, deswegen blieb es bei Barmbeck", sagt Jürgen Kinter. Bis 1946, als auch der Hamburger Senat das „c" verbannte. Widerstand gab es nicht „Die Leute hatten so kurz nach dem Krieg andere Sorgen." Heute gibt es nur noch einen Ortsnamen, der sein „c" retten konnte: Schmalenbeck. Es ist ein Ortsteil der Gemeinde Großhansdorf, die nordöstlich an Hamburg grenzt und eine eigene Haltestelle an der U1 hat. Das Dorf gehörte jahrhundertelang zu Hamburg, wurde aber im Zuge des Groß-Hamburg-Gesetzes 1937 an Schleswig-Holstein abgegeben. Als kleine Kompensation, denn Holstein verlor große Gebiete an die Hansestadt. So kam es, dass die Verordnungen von 1877 und 1946 an dem Ort vorbeigingen.

Das Ziel der Namensänderungen wurde übrigens nie erreicht. „Fast alle Barmbeker sprechen ihren Ortsteil kurz aus", sagt Jürgen Kinter schmunzelnd. Man hätte sich das also auch sparen können.

Sven Kummereincke

....
So geht's zur Bier-Buddel:

Sie steht im Schaufenster der Geschichtswerkstatt Barmbek am Wiesendamm 25.

12

Millerntor

Der Eingang in die Kanu-Historie

Das schöne, villenartige Haus fällt zuerst ins Auge. Dann erst bemerkt man die weitläufige Anlage, die hier traumhaft an der Alten Alster mitten in Eppendorf liegt. Kaum beachtet wird dagegen das gusseiserne Tor, das auch gar nichts Besonderes zu sein scheint. Ist es aber. „Es handelt sich um das Original-Millerntor", sagt Dr. Klaus Müller-Henneberg. Und heute ist es der Eingang zum Alster-Canoe-Club (ACC), in dem der 81-Jährige seit seiner Jugend Mitglied ist. „Schon damals berichteten die älteren Mitglieder von der Millerntor-Geschichte. Beweisen kann ich sie allerdings nicht." Allerdings gibt es gute Indizien – und also einiges zu erzählen: vom Millerntor und vom Canoe-Club, denn der ist nicht irgendeiner, sondern der älteste in Deutschland.

Heute wird viel diskutiert, ob Hamburg den Namen Sportstadt überhaupt verdient – historisch gesehen ganz gewiss. Die „Hamburger Turnerschaft von 1816", kurz HT16 genannt, gilt als ältester Sportverein der Welt, der „Hamburger und Germania Ruderclub" ist mit seinem Gründungsdatum 1836 der älteste in Deutschland, und die Kanuten haben ihren Ursprung also fast logischerweise auch in Hamburg. „16 junge Männer haben den Club 1905 gegründet, wohl auf Anregung von Edgar Weber, einem Kaufmann, der auf Englandreisen das Kanufahren kennengelernt hatte", erzählt Müller-Henneberg. Den englischen Begriff „Canoe" übernahmen die anglophilen Hamburger auch schlicht deswegen, weil es noch kein deutsches Wort dafür gab. „Kanu" ist erst allmählich gebräuchlich geworden.

Natürlich gab es von Beginn an auch Regatten, doch vor allem das Kanuwandern spielte immer eine wichtige Rolle. Klaus Müller-Henneberg gerät noch heute ins Schwärmen, wenn er an seine ersten Touren auf der Elbe und der Luhe in der Lüneburger Heide zurückdenkt. „Das wurde möglich durch die leicht transportierbaren Faltboote, die sich nach dem Ersten Weltkrieg verbreiteten", erzählt er.

*Klaus Müller-Henneberg vor dem alten Millerntor, das heute
zum Alster-Canoe-Club führt.*

Der Deutsche Kanu-Verband (DKV), der heute fast immer die meisten Medaillen bei Olympischen Spielen für die deutsche Mannschaft erkämpft, ist übrigens auch auf Hamburger Initiative entstanden: Am 15. März 1914 wurde er in der Hansestadt im Hotel „Kronprinzen" am Jungfernstieg – heute steht dort das Alsterhaus – gegründet. Das Clubhaus gab es damals noch nicht, lediglich eine kleine Hütte („Ole Hoop") an der Poppenbütteler Schleuse und einen Bootssteg an der Sophienterrasse. 1919 aber hatte der Club genug Mitglieder und Geld, um das zu ändern, und damals stand eine Villa mit Stallungen und Gästezimmern an der Ludolfstraße in Eppendorf zum Verkauf. „Das Haus gehörte den Timmermanns, die lange Bauernvögte gewesen waren", erzählt Müller-Henneberg. An der Stelle hatte ein Altenteiler-Haus gestanden, das 1860 abgebrannt war – und an diesem Ort wurde die Villa errichtet.

1860 ist aber auch genau das Jahr, in dem das Millerntor seine Funktion verlor. Denn in diesem Jahr wurde die Torsperre in Hamburg abgeschafft. Zuvor wurden alle Stadttore nachts geschlossen – wer dennoch hindurch wollte, musste eine Gebühr bezahlen. Das war nun, da die Stadt längst über die alten Grenzen hinausgewachsen war, ein Anachronismus. Also wurden die Tore abgerissen. Vom Millerntor am Rande der Reeperbahn ist heute nur noch ein Wachhaus erhalten, das zum Hamburg-Museum gehört.

Das Clubhaus wurde 1860 als Wohnhaus errichtet – damals muss auch das Tor eingebaut worden sein.

Millerntore gab es mehrere: Das älteste stand im Mittelalter in der Nähe des heutigen Rödingsmarktes – doch die genaue Bedeutung des Namens ist umstritten. Manche glauben, dass es von „Mildradis", einer englischen Heiligen aus dem 8. Jahrhundert, hergeleitet wurde. Andere meinen, es habe sich einfach um das „mittlere" Tor gehandelt. Mit dem Wachsen der Stadt wurde jedenfalls auch das Tor mehrfach verlegt, zuletzt 1621 im Zuge des Baus der neuen Befestigungsanlagen. Während der französischen Besatzung der Stadt (1806-1814) zur Zeit Napoleons wurde es abgerissen. Nach Abzug der Franzosen bauten die Hamburger es neu: Carl Ludwig Wimmel (1786-1845) entwarf das Tor, das 1820 im klassizistischen Stil fertiggestellt wurde.

„Das Haus gehörte den Timmermanns, die lange Bauernvögte gewesen waren."

Zwar gibt es dafür keinen Beweis, aber es ist gut denkbar, dass man nun die Eisentore, die 1860 nicht mehr gebraucht wurden, an die Timmermanns verkaufte, die sie für ihren Neubau an der Ludolfstraße verwendeten. Fotos vom alten Millerntor gibt es leider nicht, aber Zeichnungen – und auf denen sehen die Torflügel denen am Clubhaus sehr ähnlich. „Ich habe zumindest keine Zweifel, dass die Geschichte stimmt", sagt Müller-Henneberg.

Wenn sich heute das Tor öffnet, dann gelangt der Betrachter auf das gut 5000 Quadratmeter große Grundstück, das sicher über eine der schönsten Wasserlagen in der Stadt verfügt. Hier haben die Mitglieder des ACC ihre Basis, um ihren Sport zu treiben: im Kajak und Kanadier, beim Wasserpolo oder im Drachenboot. „Hamburg ist immer noch eine Hochburg der Kanuten, aber nicht mehr in dem Maße wie früher", erzählt Klaus Müller-Henneberg. In den 20er- und 30er-Jahren kamen bis zu 20.000 Zuschauer, wenn auf dem Stadtparksee Kanu-Polo gespielt oder auf der Außenalster Regatten gefahren wurden. „Aber für mich ist es immer noch der schönste Sport", bekennt der Hamburger. Und so geht er wie seit Jahrzehnten regelmäßig in seinen Club: wahrscheinlich durch das Millerntor.

Sven Kummereincke

....

So geht's zum Millerntor:

Es steht am Eingang zum Haus Ludolftsraße 15.

13

Zippelhaus

Schöne Frauen und würzige Waren

Georg Schulz deutet auf das Schild: *Zippelhaus 3* ist dort zu lesen. „Doch warum es so genannt wird, das weiß Ihre Generation nicht mehr. Nur wer noch Platt spricht, und das tun die wenigsten, kann sich das herleiten", sagt er. „Das Zippelhaus wurde Anfang des 17. Jahrhunderts von bardowickischen Gemüsehändlerinnen genutzt, die über Ilmenau und Elbe schipperten, um ihre Ware zu verkaufen", erzählt der Hamburger. „Dieses Haus ist aber nicht mehr das originale." Schön und gut – aber was haben Gemüsehändlerinnen mit dem Wort „Zippel" zu tun? „Zippel ist plattdeutsch und bedeutet nichts anderes als Zwiebel", klärt Schulz auf. „Zwiebeln haben die Gemüsehändlerinnen besonders oft verkauft." Dann erzählt er die ganze Geschichte:

Das niedersächsische Bardowick ist eine blühende Stadt, Umschlagplatz für den Fernhandel, was zu erhöhtem Zuzug von Kaufleuten führt. Und dann wird Heinrich der Löwe (um 1129/1130 oder 1133/35-1195) im Jahr 1142 Herzog von Sachsen. Schon hier kommen die Bardowickerinnen ins Spiel – sie sollen seine Wut geschürt haben: Der einstige Mitarbeiter des Stadtarchivs Otto Beneke berichtet in seinem 1853 erschienenen Buch „Hamburgische Geschichten und Sagen", dass sie „ihm höchst despektirlich begegnet seien, als er vor den Thoren gestanden. Da sollen sie vom Walle aus ihn verhöhnt und ihm nicht ihre beste Seite gezeigt haben, sondern den Rücken und was darunter sitzt." Er zitiert einen Chronisten, der dazu vermerkt habe: „Da dat de Hertog sach, da word he erst grimmig als ein Leu." In der Tat verweigern die Bardowicker dem Herzog die Aufnahme. Dass die Zerstörung Jahre später, am 28. oder 29. Oktober 1189, die einer zweitägigen Belagerung folgt, darauf zurückgeht, ist aber umstritten. „Die Legende sagt, dass ein Bulle aus Bardowick den Feind in die Stadt führte", erzählt Georg Schulz und zitiert Beneke, der schrieb, es „verirrte sich ein Stier ins Lager, von dem

Georg Schulz weiß, woher das Zippelhaus seinen Namen hat.

erkundet wurde, daß er der Stadt-Bulle von Bardowick sei". Man habe
den Bullen frei gehen lassen und sei ihm gefolgt. „Er sah sich kaum
ungehindert, als er seiner Heimath zutrabte, die Wälle und Gräben
umging, bis zu einer ihm wohlbekannten seichten Stelle, die er
durchwatete, und dann durch zerbröckeltes Mauergestein einen
schmalen Weg in die Stadt fand." Auf genau diesem Weg sei Heinrich
mit seinen Truppen dann eingefallen.

Bulle oder nicht: Die Stadt wird mit Ausnahme des Doms gänz-
lich zerstört und erholt sich nie wieder davon. Zumal 1371 erneut
ein schwerer Schlag kommt – in Gestalt eines Großbrandes. Die Bardowicker fügen sich in ihr Schicksal. Beneke schreibt: „Und gleich
nach der Zerstörung haben sie sich in die Zeit geschickt, Großhandel
und städtische Nahrung aus dem Sinn geschlagen und sich stark auf
den Gemüsebau verlegt. Zwiebeln (Zipollen oder Zippeln, wie sie
sagen)" hätten sie unter anderem verkauft und dabei „ihr Absehen
auf das emporblühende Hamburg gehabt". Die Hamburger erteilen
den Bardowickern das „Niederlassungs- und Verkaufsrecht".

Bis zum Zippelhaus ist es aber noch ein langer Weg: „Zunächst
verkaufen die Frauen ihre Zwiebeln, Wurzeln und Radieschen, ihren
Kohl und ihren Rettich jahrhundertelang im Freien, dort, wo heute
die Börse steht", sagt Schulz. Bei deren Neubau müssen sie weichen,
was ihnen, wie Beneke vermerkt, ganz und gar nicht gefällt, „denn
kein treues Gemüth mag von der Stätte der Vorfahren scheiden". Die
Frauen ziehen nun in ein Haus um,
das unweit der Stadtmauer steht, die

*„Zwiebeln haben die Gemüse-
händlerinnen besonders oft
verkauft."*

auf Bardowicker Quadersteinen gebaut worden war. „Indessen bekam
das Gebäude von den Zippollen oder
Zippeln gar bald den Namen ‚Zippel-
haus' und nach demselben nannte sich wiederum die ganze Gasse",
steht bei Beneke, der über die Zippelweiber schon ein wenig ins
Schwärmen gerät: „Die schönen Bardowickerinnen, schlanke
schüchterne Geschöpfe, mit rothen Tüchern um den Kopf, die ihr
Gemüse so zierlich auf demselben zu tragen verstehen und dabei in
gar melancholischer Melodie ihre Waren ausrufen, die wurden
natürlich Zippelweiber genannt." Es klingt, als finde Beneke es un-

gerecht, dass „die Kämmerei (...) den armen Bardowickern jedesmal nur ein ganz schlechtes, scheunenartiges Haus" baue „und das steht noch dicht vor den mächtigen Quadersteinen ihrer eigenen vormaligen Mauern, so daß sie daselbst gewissermaaßen auf ihren Trümmern sitzen und immer der alten Herrlichkeit gedenken müssen". Er berichtet auch davon, dass die Kinder die armen Bardowickerinnen

Dieses Schild gibt eine Adresse an – doch was ist eigentlich ein Zippelhaus?

immer geärgert hätten, indem sie sie an den Bullen erinnerten, dem sie ihr Leid der Sage nach zu verdanken haben.

Übrigens verfügte das Zippelhaus über eine ausgesprochen praktische Einrichtung: Fensterläden, die sich so herunterklappen ließen, dass man darauf Waren verkaufen konnte. Der Bau wurde 1674 abgerissen, das Nachfolgegebäude musste 1888 dem Straßenbau weichen. Die Zeiten, in denen schöne Gemüsehändlerinnen mit roten Kopftüchern hier ihre Waren anpriesen, sind lang schon vorbei. Der Name der Straße, an der das Haus einst stand – Zippelhaus – erinnert an sie. „Ich finde es faszinierend, welche Geschichte dahintersteht", freut sich Schulz.

Eva-Maria Bast

So geht's zum Zippelhaus:

Die Straße „Zippelhaus" verläuft entlang des Zollkanals. Das Zippelhaus 3 steht sinnigerweise und vollkommen folgerichtig in der Zippelhausstraße 3.

14

Eiserner Löwe

Das Raubtier, das die Kinder lieben

Was Blohms Park im Stadtteil Horn so besonders macht, das ist nicht die Flora, sondern ein metallenes Objekt, das auf den ersten Blick so gar nicht hierher passt: ein lebensgroßer, gusseiserner Löwe, zu dessen Vorderpfoten eine tote oder zumindest gebändigte Schlange liegt. Am Rande einer Anhöhe, gleich neben einem Spielplatz, steht die Plastik, der man ihr Alter schnell ansieht. Etwas rostig ist er, mehrere Löcher weist er auf, doch noch immer wirkt er beeindruckend, dieser Löwe. Und die Geschichte, wie er hier hergekommen ist, erzählt von Bürgermeistern, einem Kaufmann, der – man möge den Ausdruck verzeihen – aus Scheiße Gold gemacht hat, einem US-Präsidenten und einem verschwiegenen Gärtner.

Beginnen wir mit dem Park. Wer bei dem Namen Blohm an die weltberühmte Werft Blohm + Voss denkt, liegt nicht ganz falsch. Der Namensgeber war allerdings der ältere Bruder des Schiffsbauers Hermann: Ludwig Friedrich Blohm (1837-1911). Er war Reeder wie sein Vater Georg (1801-1878) und erwarb 1875 das Anwesen in Horn, auf dem eine herrschaftliche Villa stand. Schon seit dem 16. Jahrhundert hatten reiche Hamburger hier Landhäuser errichtet, zeitweise waren es vier auf dem rund 40.000 Quadratmeter großen Gelände. Der erste noch bekannte Eigentümer war Dirick van Eitzen (1544-1598), wie sein Sohn Albert Hamburger Bürgermeister.

Anschließend residierten dort unter anderem die Familie de Herthoge und ab 1816 der Kaufmann Heinrich Johann Merck (1770-1853), damals einer der reichsten Hamburger. Sein Geld hatte er auch als Schmuggler gemacht – während der französischen Besatzungszeit (1806-1814), sodass sein kriminelles Handeln gewissermaßen eine patriotische Tat war, denn die Franzosen waren sehr verhasst.

Es war aber Ludwig Friedrich Blohm, der das Anwesen veränderte und verschönerte. Das Landhaus wurde vergrößert, modernisiert und konnte dank einer Warmwasserleitung nun ganzjährig bewohnt werden. Im Park entstanden Gewächshäuser und Stallungen, auch Wohnungen für das Personal wurden geschaffen. Das „Hamburger Fremdenblatt" lobte 1900 den Park als „den schönsten in Harvestehude ebenbürtig". Nur den Löwen, den gab es damals hier noch nicht.

„Der stand nämlich einige Kilometer weiter in Hamm", verrät Frank Tarnosky. Der Lüneburger ist Sozialpädagoge und Hobby-Historiker, weshalb er oft nach Hamburg fährt und auf Erkundungstour geht. „Als ich hier im Park den Löwen sah, wurde ich natürlich neugierig."

Er bekam heraus, dass die Löwenplastik zur Villa des märchenhaft reichen Freiherrn Heinrich von Ohlendorff (1836-1928) gehörte, die der Kaufmann 1874 in Hamm im Renaissance-Stil errichten ließ. Er ist der Mann, der buchstäblich aus Scheiße Gold gemacht hat, denn seinen Wohlstand verdankte er dem Guano-Handel. Und Guano ist nichts anderes als Vogelmist, der damals als Dünger (und zur Sprengstoff-

Herstellung) unverzichtbar war. „Zur Einweihung des prächtigen Gebäudes ließ Ohlendorff, der später Präsident der Zoologischen Gesellschaft werden sollte, zwei Löwen-Skulpturen anfertigen: einen kauernden, der verschollen ist, und eben den mit einer Schlange kämpfenden", berichtet Tarnosky. Beide hat auch ein US-Präsident zu Gesicht bekommen. Denn seit 1875 lud Ohlendorff alljährlich zum Hamburger Derby (dem Pferderennen, das noch heute immer im Juli in Hamburg-Horn veranstaltet wird) zu seinem „Renn-Frühstück" ein. Und 1878 war Ulysses Simpson Grant, der von 1869 bis 1877 das höchste Amt der Vereinigten Staaten innehatte, der Ehrengast.

Ohlendorff bewohnte das Anwesen bis zu seinem Tod 1928. Zwei Jahre später, mitten in der Weltwirtschaftskrise, verkauften die Erben das Areal an die Stadt, die einen öffentlichen Park – den Ohlendorffschen – daraus machte. Das Palais allerdings gab es nur noch 13 Jahre. „1943 wurde es bei einem Bombenangriff völlig zerstört", bedauert Tarnosky. Einzig die beiden Löwen überstanden den Krieg im Ohlendorffschen Park. „Der kauernde endete wahrscheinlich in einem Schmelzofen", glaubt Tarnosky. Der „Schlangenkämpfer" aber wurde zunächst auf dem Betriebsgelände des Parks in Hamm eingelagert. 1956 stand er plötzlich in Blohms Park, der von der Stadt Hamburg 1928 gekauft und für die Öffentlichkeit freigegeben wurde – vor dem Häuschen des Gärtners Arno Behrens. Es wird vermutet, dass er ihn selbst dort hintransportiert hat. „Doch darüber hat er sich immer ausgeschwiegen." Ein paar Jahre durfte sich Familie Behrens an dem besonderen Gartenschmuck erfreuen, bis man den Löwen Anfang der 60er-Jahre an seinen heutigen Standort beim Spielplatz versetzte – wo er bei den Kindern weitaus beliebter ist als Rutsche und Schaukel.

Sven Kummereincke

....

So geht's zum Eisernen Löwen:

Der Park befindet sich an der Straße Beim Rauhen Hause. Nach etwa Hundert Metern kann man auf der rechten Seite den Spielplatz mit dem Löwen entdecken.

Nicola Janocha auf dem blühenden Hügel, unter dem sich
ein Luftschutzbunker erstreckt.

15

Narzissenhügel

Blumige Idylle auf finsterer Vergangenheit

Was für ein hinreißender Anblick! An sonnigen Tagen
ist der Park Planten un Blomen das reinste Paradies.
„Das ist ein Name und ein Ort, den viele Hamburger
sehr lieben", sagt Stadtführerin Nicola Janocha, der es
da nicht anders geht. Besonders gern mag sie die Hügel nahe der
Wasserfläche – und zwar genau dann, wenn die Narzissen blühen.
„Dann ist der ganze Hang gelb", schwärmt sie. Viele Menschen genießen hier die Blütenpracht, andere machen es sich inmitten der
Frühjahrsblüher gemütlich. „Doch die wenigsten wissen, dass sie
dabei auf einem Bunker sitzen." Die Bunkeranlage sei gegen Ende
des Zweiten Weltkriegs gebaut worden, um den Hamburgern Schutz

vor Bombenangriffen zu bieten, sagt Janocha. Und überhaupt hänge ein Teil der Parkgeschichte eng mit der des Dritten Reichs zusammen: „Im Grunde war die Anlage von Planten un Blomen eine Arbeitsbeschaffungsmaßnahme. Vor dem Zweiten Weltkrieg herrschte in Deutschland ja große Arbeitslosigkeit, und in Hamburg waren viele Menschen unzufrieden. So entstand der Gedanke, eine Niederdeutsche Gartenschau ins Leben zu rufen, nicht zuletzt, um Arbeitsplätze zu schaffen", erläutert Nicola Janocha. Im November 1934 starteten 180 Menschen mit den Vorbereitungen. „Nicht ganz die günstigste Jahreszeit für Arbeiten im Freien", kommentiert die Hamburgerin. „Doch es sollte im Frühjahr 1935 losgehen. Und es gab einiges zu tun." So viel, dass immer mehr Langzeitarbeitslose geholt wurden, um mit anzupacken: Am Ende des Projekts hatte sich die Zahl der Arbeiter verzehnfacht. 1800 Mann halfen mit, Planten und Blomen zu dem zu machen, was es nach Vorstellung der NS-Führung sein sollte: ein prachtvoller Park. Ein Triumph. Es gab, wie gesagt, viel zu tun. Denn Planten un Blomen war bisher keineswegs eine brachliegende Fläche gewesen!

Verschlossene Türen hinter Büschen erinnern noch an den nie fertiggestellten Bunker.

„Ganz früher haben sich hier die Wallanlagen Hamburgs befunden", blickt die Stadtführerin zurück. Erbaut wurden sie in den Jahren 1616 bis 1625, im 19. Jahrhundert hat man sie teilweise zu Erholungsflächen umgestaltet. „Auf einem Teil des Geländes, auf dem sich heute der Park erstreckt, hatte sich der Zoologische Garten befunden", erzählt Janocha. Gegründet im Jahr 1863 von Ernst Freiherr von Merck (1811-1863), führte ihn bis 1866 Alfred Edmund Brehm (1829-1884), der durch sein Werk „Brehms Tierleben" bekannt wurde. Doch dann kam Carl Hagenbeck (1844-1913) und machte diesem Städtischen Zoo mit „Hagenbecks

Tierpark" kräftig Konkurrenz (siehe Hamburger Geheimnisse, Band 1). „Der alte Zoo hat sozusagen Pleite gemacht und man überlegte sich, was man mit der Fläche anfangen könnte", erklärt die Stadtführerin. „Da kamen die Pläne zur Niederdeutschen Gartenschau gerade recht."

Die Arbeiter machten sich nun daran, Teiche zuzuschütten und Gebäude abzubrechen. Doch das war nicht alles: Auf einem anderen Teil des heutigen Parkgeländes hatte sich ursprünglich das Friedhofsgelände der fünf Hamburger Hauptkirchen und der hamburgischen Klöster befunden. „Bis man 1877 unseren Hauptfriedhof, der übrigens einer der größten Parkfriedhöfe der Welt ist, eröffnet hat",

„Auf Plattdeutsch heißt das Pflanzen und Blumen."

berichtet Nicola Janocha. Etliche Gräber seien zur Zeit der Umgestaltung aber noch auf dem Gelände gewesen. „Ich habe mal ein schlechtes Schwarz-Weiß-Foto aus dieser Zeit gesehen, aber ich konnte erkennen, dass es sehr idyllisch aussah. Einige Gräber wurden noch umgebettet, viele Grabsteine aber auch als Treppenstufen oder Gehwegplatten verwendet." Außerdem hoben die Männer das große Becken aus, an dem sich heute noch so viele Hamburger in den Sommermonaten an den Wasserlichtspielen erfreuen. Sie gruben einen Kanal, um es mit Wasser zu versorgen, und verlegten Kühlrohre, damit man das Wasser im Winter zum Zufrieren bringen und darauf Eislaufen kann. Nebenbei bemerkt: Die Kosten für die Anlage des Parks mit all seinen Extras und Finessen explodierten und überstiegen die Planungen um das Dreifache.

Und dann war es so weit: Am 6. Juni 1935 wurde die „Niederdeutsche Gartenschau" mit dem Namen „Planten un Blomen" eingeweiht. „Auf Plattdeutsch heißt das Pflanzen und Blumen", erklärt Nicola Janocha. Der Erste Bürgermeister Carl Vincent Krogmann (1889-1978) eröffnete die Schau und verkündete großspurig, die Ausstellung zeige, „was das gesamte nationalsozialistische Deutschland auf dem Gebiete der Blumen- und Pflanzenzucht zu leisten imstande ist". Große Überzeugungsarbeit musste er nicht leisten, denn der Park war wirklich außerordentlich prächtig: Während die Gäste auf der Terrasse kühle Getränke genossen und die Kinder auf den Spielplätzen tobten, spielten Tanzkapellen und im Musikpavillon Orchester auf. Auf rund 800.000 Besucher kam die Gartenschau bis Oktober. Und anschließend ging es gerade so vergnüglich weiter: Durch die Kühlvorrichtungen konnte das große Becken vereist werden, unzählige Schlittschuhläufer drehten hier auf der größten Eislaufbahn Deutschlands ihre Kreise. Doch über all dem lag ein bitterer, ein sehr bitterer Geschmack: Juden durften an der vergnüglichen Veranstaltung nicht teilnehmen und den Park nicht betreten.

„Deswegen schlagen zwei Herzen in meiner Brust", sagt Nicola Janocha. „Ich liebe diesen Park, ich liebe auch den Namen, aber Park und Name haben nun mal eine dunkle Geschichte."

Und die Bunker? „Durch die Bombenangriffe im Zweiten Weltkrieg wurde die Gartenanlage schwer getroffen und vieles zerstört", berichtet die Gästeführerin. „Noch 1944 hat die Stadt dann damit begonnen, unter dem Narzissenhang einen Luftschutzbunker anzulegen. 4000 Personen sollten darin Platz finden." Doch bevor er fertiggestellt werden konnte, war der Krieg zu Ende.

Zwei Türen am unteren Teil des Hangs erinnern noch daran. Und die Wälle selbst, auf denen heute Blumen blühen. Ein berührendes Mahnmal für den Frieden. Vor allem dann, wenn heute Menschen aller Religionen und Nationalitäten inmitten dieser Blumen sitzen und sich in einem offenen, würdevollen und natürlichen Miteinander begegnen. Das ist die beste Art und Weise, den Park von den dunklen Schatten zu befreien.

Eva-Maria Bast

So geht's zum Narzissenhügel:

Er befindet sich im Alten Botanischen Garten unterhalb der Mittelmeerterrassen bzw. der Tropischen Gewächshäuser am Gewässer.

Georg Schulz steht auf der St.-Annen-Brücke und schaut zur
Figurengruppe hinüber.

Figurengruppe
„Biblische Oma" in der Speicherstadt

„D a oben ist sie", sagt Alt-Hamburger Georg Schulz und deutet auf eins der vielen Häuser, die sich hinter der St. Annen-
brücke erheben. „Das ist die biblische Oma." Gleich darauf
muss er über diese so lapidare Beschreibung der Heiligen
lachen. Aber es stimmt: Dort oben ist die heilige Anna dargestellt. Und
die war gewissermaßen die Großmutter Jesu – die Mutter Mariens. An
der Nordostecke eines neogotischen Baus ist die Figurengruppe angebracht, sie zeigt die heilige Anna und ihre Tochter Maria, die sich wie
ein kleines Mädchen an sie schmiegt. Bei diesem spätmittelalterlichen
Kunstwerk wird durch den Größen- jedoch nicht der Altersunterschied
dargestellt, sondern es geht um die „Bedeutungsgröße": Anna ist die-
jenige, die Maria schützen kann.

61

Die Figurengruppe – hoch oben über der Speicherstadt.

Was machen die beiden Heiligenfiguren in der Speicherstadt? Georg Schulz weiß es: „Sie erinnern an die 1566 gebaute St.-Annen-Kapelle, die früher hier stand. Die Kapelle war der heiligen Anna gewidmet, das Figurenpaar war Teil dieser Kapelle." Sie gehörte zur Katharinenkirche und viel sei über die St.-Annen-Kapelle nicht bekannt, sagt Georg Schulz. Aber so viel doch, dass sie vermutlich als Leichenhaus errichtet wurde. „Denn um die Kirche herum befand sich, wie im Mittelalter üblich, ein Friedhof." Und mit diesem hatte es eine ganz besondere Bewandtnis – es war ein Friedhof für die Pestopfer, die auf den anderen Friedhöfen keinen Platz mehr fanden. Auch jene, die ihrem Leben selbst ein Ende gesetzt hatten, wurden hier bestattet.

Früher zählte der Freitod als schwere Sünde, und ein würdiges Begräbnis auf anderen Friedhöfen wurde Selbstmördern verwehrt. Man habe den Platz auch „Arm'-Lüd's Karkhof", also Kirchhof, und „Arm-Sünder-Karkhof" genannt, hat Georg Schulz in Otto Benekes 1853 verfassten Hamburgischen Geschichten und Sagen nachgelesen. Dieser schreibt, recht poetisch: „Aber auch die Ueberreste noch viel ärmerer Personen fanden hier ihre letzte Ruhestätte, nämlich solcher, die in der Sturmnoth des Lebens ihr leckes Schiff freiwillig und gewaltsam hatten scheitern lassen." Weiter führt er aus, dass es sich bei diesen um Unglückliche, um arme Sünder gehandelt habe, „denen man ein christlich Begräbniß in der Stille der Nacht gönnen mochte". Als Beispiel führt er den „jungen Dr. med. Lucas Lambecius (des berühmten Professors Bruder)" an. Der habe sich am 7. Mai 1661 „mit einem Federmesser fünf tödliche Wunden beigebracht" und zwar „aus Desperation von wegen Liebessachen". Vor seinem Tod habe er dann aber noch „unter aufrichtiger Reue das heilige Abendmahl genossen". So lange habe der Friedhof bestanden, bis Selbstmörder auf allen Friedhöfen bestattet werden durften.

Die letzte Beerdigung auf diesem Friedhof sei eine denkbar tragische gewesen, schildert Schulz: „Man hat ein kleines Kind hier begraben, woran es gestorben ist, weiß ich nicht." An Silvester 1812 wurde der Friedhof geschlossen. Beneke schreibt, dass die Fläche „nach einigen Ruhejahren" um die Hälfte verkleinert worden sei. Als er noch seine ursprüngliche Größe hatte, schildert Beneke, sei er noch von einer hohen steinernen Mauer umgeben gewesen. „Kletterte einmal ein neugieriger Junge hinauf (wobei immer einige zerbröckelnde Steine losbrachen), so blickte er jenseits hinunter auf einen stillen heimlichen Rasenfleck voll eingesunkener Gräber, mit einzelnen üppig **„Das ist die biblische Oma."** wuchernden Gesträuchen. Unter einem großen Fliederbusch unfern eines herrlichen Seringenbaumes lag ein mäßiger Feldstein, sonst waren keine Grabmäler, keine Kreuze zu sehen." Und die Toten gaben wohl inzwischen auch Ruhe: „Daß um Mitternacht des Allerseelentages die Geister der hier bestatteten armen Sünder hervorkämen, und eine ausgeschlagene Stunde lang, still die Hände ringend, auf ihren Gräbern säßen, das wurde zwar damals noch hie und da erzählt, aber die Bewohner der Nachbarhäuser sagten: es möchte wohl lange vor der großen Belagerung stattgefunden haben, sie hätten dergleichen Spuk niemals erlebt."

Der St.-Annen-Kirchhof wurde schließlich renoviert, dabei habe man den noch bestehenden Turm abgebrochen und einen neuen errichten lassen, erzählt Schulz. 1869, als die Straßen, die zum Sandtorkai führen, verbreitert wurden, musste die Kapelle schließlich weichen. Dass die Figurengruppe in der Speicherstadt steht, sei irgendwie schlüssig. Denn: „Sie ist nicht nur die Patronin der Bergleute, sondern auch der Schiffer und Kaufleute."

Eva-Maria Bast

....

So geht's zur Figurengruppe:

Sie findet sich am ehemaligen Verwaltungsgebäude der Hamburger Freihafen-Lagerhaus-Gesellschaft am Sandtorkai – gegenüber der St.-Annen-Brücke.

17

Steinbrocken

Ruheplatz für einen Giganten

Alter Schwede, ist der riesig! Sollte sich einer der zahllosen Spaziergänger oder Radfahrer, die in großen Massen am nördlichen Elbufer unterwegs sind, zu diesem Ausruf hinreißen lassen, hat er gleich in doppeltem Sinne recht: Der Stein, der da am Ufer liegt, als sei er vom Himmel gefallen, ist in der Tat beides: riesig – und ein alter Schwede. Zumindest nennen ihn die Hamburger so. Die meisten kennen ihn, doch Näheres zu diesem Riesenbrocken ist vielen unbekannt. Woher er eigentlich kommt, wie viel er wiegt, wie groß er ist – all solche Dinge.

Es war im September 1999, als Bauarbeiter bei Baggerarbeiten am nördlichen Ufer der Elbe in Höhe Övelgönne einen erstaunlichen Fund machten: Sie waren im Begriff, die Fahrrinnenvertiefung der Elbe in etwa 13,50 Meter Tiefe auszubaggern, als sie plötzlich auf ein riesiges Hindernis stießen. Schnell stellte sich heraus, dass es sich dabei um einen überdimensionalen Felsbrocken handelte – eben jenen, der jetzt groß und prächtig am Ufer liegt. Er befand sich genau bei Kilometer 627.458 – dort, wo die großen Schiffe wenden. Taucher vom Strom- und Hafenbau rückten an und untersuchten den Stein bei Niedrigwasser. Für die vorgesehene Bergung am 18. Oktober 1999 legten sie dicke Stahlseile eines Schwimmkrans wie ein Netz um den Sensationsfund, was bei der starken Strömung und der schlechten Sicht unter Wasser gar nicht so einfach war. Und der erste Versuch schlug dann auch fehl: Der Granitstein versank, nachdem er sich ein Stück weit hatte herausheben lassen, mit gewaltigem Platschen wieder in den Tiefen der Elbe. Er war aus den dicken Stahlseilen des Schwimmkrans herausgerutscht. Der damalige Bauleiter Bernd Voltmer erinnert sich: „Wir konnten die obere Seite des Steins schon kurz sehen – und dann war er wieder weg." Man hatte den riesigen Brocken schlichtweg unterschätzt, indem man ihn – welch eine Beleidigung! – für ein Leichtgewicht von etwa 140 Tonnen gehalten hatte. Doch ein großer

Mächtig und prächtig: der Alte Schwede am Elbufer.

Teil des Findlings war noch im Grund verborgen. Inzwischen ist bekannt: Sein wahres Gewicht beträgt 217 Tonnen! Beim zweiten Anlauf, fünf Tage später, hat's dann aber geklappt: Der Steinbrocken wurde mit dem Schwimmkran „Taklift 4" geborgen und auf den Elbstrand bei Övelgönne gesetzt, wo er sich heute noch befindet. Wie eine Diva durfte sich der Stein übrigens nicht nur wegen seines Gewichts anstellen: Mit seiner Breite von 5,20 bis etwa 7,90 Metern, einer Höhe von rund 4,50 und einem Umfang von fast 20 Metern nimmt er, wie die Stadt Hamburg schreibt, „einen vorderen Platz in der Rangfolge der größten norddeutschen Findlinge ein. Gleichzeitig ist er der älteste Großfindling Deutschlands: Während die anderen großen Findlinge durch die Gletscher der Weichsel- und Saale-Eiszeit ihre Fundorte erreichten, ist dieser Findling schon während der Elster-Eiszeit hierher gebracht worden." Genau untersucht hat ihn der Geologe Prof. Dr. Roland Vinx vom Mineralogischen Institut der Hamburger Universität, der, wie das Hamburger Abendblatt schrieb, sich bei dessen Fund zu dem Ausruf „Donnerwetter!", hinreißen ließ und sagte: „Das ist wirklich eine tolle Sache und ein ganz, ganz seltener Fund."

„Das ist wirklich eine tolle Sache und ein ganz, ganz seltener Fund."

Der Stein aus grauem Vaxjö-Granit weist auf seiner Nordseite so genannte „Gletscherschrammen" auf. Diese Furchen entstehen durch Gesteinsfragmente, die im Gletscher festgefroren sind und an den Steinen, die mit der Eisbewegung transportiert werden, entlangschrammen. Denn wie alle Findlinge, die in einer der Eiszeiten transportiert wurden, geschah diese Bewegung durch die Gletscherwanderung, bei der die Steine vor den Gletschern hergeschoben werden.

Einen weiten Weg hat er hinter sich gebracht, als er von seiner Heimat im rund 600 Kilometer Luftlinie entfernten südschwedischen Ost-Småland über die Ostsee nach Hamburg kam. Und steinalt ist er obendrein: Etwa 1,8 Milliarden Jahre soll er auf dem steinernen Buckel haben und vor 400.000 Jahren nach Hamburg gekommen sein. Da kann man schon mal, je nach persönlichem Charakter, wahlweise in Ehrfurcht erstarren oder die Überraschung lautstark zum Ausdruck bringen. Kein Wunder, dass die Hamburger den beeindruckenden

Stein „Alter Schwede" tauften. Das ist gleich zwei Mal richtig, zum einen, was das Herkunftsgebiet angeht, und zum anderen, weil man die Redewendung „Alter Schwede" verwendet, wenn man sich über etwas wundert – und zum Staunen ist der riesige Stein ja auch wirklich.

Doch wie ist diese Redewendung eigentlich entstanden? Lutz Röhrich schreibt in seinem Standardwerk „Lexikon der sprichwörtlichen Redensarten", dass der Historiker Heinrich von Treitschke (1834-1896) bei einer Vorlesung an der Berliner Universität eine Erklärung zu ihrer Entstehung gegeben habe, nach der es einen Zusammenhang mit dem Dreißigjährigen Krieg gibt. Nach dessen Beendigung, also nach 1648, „habe der Große Kurfürst bewährte und erfahrene alte schwedische Soldaten für sein Heer als Ausbilder werben lassen" und der preußischen Armee zugeführt. Sie hätten sich besonders gut „auf ,fürtrefflichen Drill' verstanden und seien deshalb meistens als Unteroffiziere eingestellt worden". Die Soldaten, schreibt Röhrich, hätten „diese schwed. Korporale" dann kurzerhand als „„die alten Schweden" bezeichnet. Durchaus ein Lob also für einen verdienten Mann, der sich auf seine Sache versteht.

Inzwischen wird die Redewendung als Ausdruck der anerkennenden Überraschung verwendet. Was, wenn man die Umstände der Bergung des Findlings bedenkt, durchaus Sinn macht: Alter Schwede, ist der aber beeindruckend!

Eva-Maria Bast

So geht's zum Steinbrocken:

Er liegt unübersehbar am Elbufer. Man kann ihn gut finden, wenn man den Övelgönner Hohlweg bis zum Ufer und dann ein Stück in Richtung Osten geht. Der Stein liegt etwa in Verlängerung der Corinthstraße am Ufer.

18

Badehaus

Hygiene-Center im Hinterhof

Es sieht aus wie ein altes Einfamilienhaus, das schon bessere Tage gesehen hat. Und man könnte meinen, es stand hier einmal in einem Garten mit viel Platz drum herum, bis es irgendwann von der Stadt eingeholt, ja geradezu umzingelt worden ist. Denn das Haus steht auf einem Hinterhof, umgeben von Mehrfamilienhäusern und Geschäftsbauten. „Doch es entstand zeitgleich mit den Wohnblöcken, die es umgeben", weiß Margret Markert. „Und es hat früher nie jemand darin gewohnt."

Wir befinden uns in Wilhelmsburg, genauer gesagt im Reiherstieg-Viertel. Und bei dem versteckten Gebäude handelt es sich um eines der letzten seiner Art in Hamburg. „Das war ein Badehaus", sagt Markert, die in der Geschichtswerkstatt Wilhelmsburg/Hafen arbeitet. „Es diente den Bewohnern der umliegenden Häuser zum Duschen und Baden, was sie dort gegen eine Gebühr von 10 oder 20 Pfennigen machen konnten." Genutzt wurde das Gebäude von Arbeitern der Hamburg-Amerikanischen Packetfahrt-Actien-Gesellschaft (Hapag) und ihren Familien, für die die Reederei 1912 die damals hochmodernen Häuser errichtet hatte.

Dass die Wohnungen keine Badezimmer hatten, war nicht nur für die ärmeren Bevölkerungsschichten völlig normal. Es wird geschätzt, dass nur zwei bis vier Prozent aller Hamburger Wohnungen Anfang des 20. Jahrhunderts über ein Bad verfügten – man darf also getrost von Luxus sprechen. „Gewaschen haben sich die Menschen in der Küche und benutzten eine Waschschüssel", erzählt Markert. Wenn kein Badehaus vorhanden war, wurde ein großer Bottich verwendet, der mit Eimern gefüllt werden musste. Außerdem gab es sogenannte Volksbäder (siehe Hamburger Geheimnisse, Band 1).

Zwar wurde im Laufe des 19. Jahrhunderts zunehmend Wert auf Hygiene gelegt, doch wenn man sieht, dass nicht einmal das Stadtschloss der Hohenzollern in Berlin mit einem Bad ausgestattet

Die Stadtteilkennerin Margret Markert vor dem unscheinbaren
Haus, in dem früher die Anwohner gebadet haben.

war, wird klar, wie wenig Wert selbst in höchsten Kreisen darauf gelegt wurde.

Insofern werden die Arbeiter der Hapag, damals die größte Reederei der Welt, sicherlich sehr zufrieden mit ihren neuen Wohnungen gewesen sein, zumal ihnen auch Kleingärten in nächster Nähe zur Verfügung gestellt wurden. Die Wohnverhältnisse der Industriearbeiterschaft waren um die Jahrhundertwende meist noch miserabel: „In dunklen, feuchten Gemäuern lebten viele Menschen auf engstem Raum unter unhygienischen Bedingungen zusammen. Diese Situation wurde noch durch die Notwendigkeit vieler Arbeiterfamilien verschlimmert, ihre Existenz durch die Vermietung an einen oder mehrere sogenannte Schlafgänger zu sichern" (Göbel). Diese Wohnungsnot stellte einen Teil der „Sozialen Frage" dar, die politisch oder gesellschaftlich gelöst werden musste. Dass Hapag Betriebswohnungen baute, gehörte zur firmeneigenen Sozialpolitik, für die der Hapag-Generaldirektor Albert Ballin (1857-1918) stand. Nicht zuletzt sollten die Arbeiter an die Firma gebunden und diszipliniert werden. Das geschah schon insofern sehr effektiv, weil die Wohnung an den Arbeitsplatz gebunden war: Wer kündigte oder gekündigt wurde, verlor auch seine Wohnung.

„Dass die Häuser mal der Hapag gehörten, lässt sich auch heute noch erkennen", sagt Margret Markert. „An der Fassade und vor allem in den Treppenhäusern sieht man noch viele maritime Elemente, zum Beispiel sehr schöne Kacheln." Nur dem Badehaus ist seine Geschichte überhaupt nicht anzusehen. Heute wird es bewohnt. Und an Bädern wird es kaum mangeln!

Sven Kummereincke

....
So geht's zum Badehaus:

An der Dierckstraße 15 gelangt man in den Hinterhof, an dem links das Badehaus steht.

Angelika Crenshaw steht vor dem Haus mit den
Bildern der preußischen Militärs, die unter dem
Dach angebracht sind.

19

Wilhelm-Skulptur
Der Kaiser und der Kleiderschrank

Alt und verwittert sieht sie nicht gerade aus. Die Farben sind frisch, und das ist wahrscheinlich das Irritierende. Denn die Plastik zeigt Kaiser Wilhelm I. (1797-1888), und den kennt man entweder von vergilbten Schwarz-Weiß-Fotos oder mit reichlich Patina hoch zu Ross als Denkmal (siehe Geheimnis 10). Hier aber steht er in Uniform und Hermelin vor einem zugemauerten Fenster im ersten Stock eines Wohnhauses aus der Gründerzeit im Herzen Altonas. Wie kommt er da hin? „Wegen eines Schranks, für den kein Platz war", erzählt Angelika Crenshaw und schmunzelt.

Die Hamburgerin, früher Redakteurin einer Frauenzeitschrift, streift mit offenen Augen durch die Stadt – und so ist ihr irgendwann die Skulptur an der Willebrandstraße aufgefallen. „In dem 1886 erbauten Haus hat der Altonaer Gerichtspräsident Witt mit seiner Familie gewohnt", erzählt sie. Das Eckzimmer war für seine Kinder vorgesehen, doch war es nicht sonderlich groß und hatte viele Fensterflächen – und damit wenig Stellplatz für Betten und Schränke. „Also entschloss er sich, ein Fenster zuzumauern." Nur sah das von außen alles andere

Die Büste des „Barba-
blanca" (Weißbart),
wie Wilhelm I. auch
genannt wurde.

als schön aus. Weshalb der Gerichtspräsident die Kaiserfigur in Auftrag gab. Ob er dafür eine Genehmigung hatte, denn er war Mieter und nicht Eigentümer, ist unbekannt. „Aber es dürfte auch niemand gewagt haben, einen hohen Beamten des Kaiserreichs daran zu hindern", sagt Crenshaw. Zumal die damals eigenständige Stadt Altona seit 1866 zu Preußen gehörte.

Außerdem passte der Kaiser gut an den Platz. Gegenüber steht eine Friedenseiche, die anlässlich des Deutsch-Französischen Krieges 1871 gepflanzt worden war. Oberster Kriegsherr damals war der preußische König Wilhelm I., der nur wegen des Sieges über Frankreich zum Deutschen Kaiser aufsteigen konnte.

Die Skulptur dürfte auch dem Bauunternehmer J. Th. Schultz gefallen haben. Der lebte in einer Villa auf der anderen Seite der heutigen Max-Brauer-Allee und hatte mehrere Wohnhäuser rund um den Platz errichten lassen. „Herr Schultz war ein preußischer Patriot, und das brachte er in seinen Bauten zum Ausdruck", berichtet die Journalistin. Das ist an dem Haus „Bei der Friedenseiche 6" noch heute zu sehen. Über dem Eingangsportal kann man eine kleine Büste des Reichskanzlers Otto von Bismarck (1815-1898) entdecken. Vor allem aber sind unter dem Dach die Porträts von sieben preußischen Monarchen und Militärs aufgemalt: Albrecht von Roon, Otto von Bismarck, Kaiser Friedrich III., Wilhelm I., Friedrich Karl von Preußen, Helmut von Moltke und Edwin von Manteuffel. Sie alle hatten in dem Krieg eine große Rolle gespielt.

Diese Porträts haben dazu geführt, dass viele Altonaer glauben, es handele sich um ein ehemaliges Offiziers-Casino – doch das ist eine Legende. „Es war vielmehr preußische Heldenverehrung", sagt Angelika Crenshaw. Und die hat sich erstaunlicherweise bis heute erhalten.

Sven Kummereincke

....
So geht's zur Wilhelm-Skulptur:

Von der Max-Brauer-Allee geht die kleine Straße „Bei der Friedenseiche"
ab, dann rechts halten: Nach ein paar Metern sieht man das Haus.

Dr. Matthias Schmoock steht vor dem Straßenschild mit dem ungewöhnlichen Namen.

20

Schild

Hamburgs skurrile Straßennamen

J a, das steht da wirklich. Auch wenn es Auswärtige manchmal für einen Scherz halten. *ABC-Straße* ist auf dem Schild zu lesen. Und auch im Adressverzeichnis der Stadt. Und auf dem Briefkopf von Google, denn die Firma hat hier, in der Hamburger Neustadt, ihren Deutschland-Sitz. „Der Straßenname stammt aus dem 17. Jahrhundert", sagt Dr. Matthias Schmoock. „Damals hatten die Bewohner Blechschilder mit Buchstaben an ihre Häuser angebracht, damit man sie besser finden kann." Später, als man ab 1788 begann, den Straßen offizielle Namen zu geben, wurde er übernommen. Wie so viele andere Bezeichnungen, die schon seit Jahrhunderten im Sprachgebrauch waren. „Schilder hätten kaum Sinn ergeben, denn die meisten Bewohner waren ja Analphabeten", erläutert der Historiker.

Die ABC-Straße liegt in der Hamburger Neustadt gleich beim Gänsemarkt.

Die Einführung der Namen hat viel mit Sozialpolitik zu tun. Hamburg war im späten 18. Jahrhundert eine schnell wachsende Stadt. Doch auch die Zahl der Bedürftigen ging rasant in die Höhe, weshalb 1788 die „Allgemeine Armenanstalt" gegründet wurde. Die wollte Kranken und Schwangeren helfen und die Gesunden zur Arbeit anhalten. Doch ohne Einwohnermeldeamt und amtliche Statistiken wusste niemand, wo wie viele Arme lebten. „Daher teilte der Rat das Stadtgebiet in fünf Bezirke mit je zwölf Armenpflegequartieren auf, und an den Straßen wurden Schilder mit den Namen angebracht", erklärt Matthias Schmoock. Hausnummern wurden aber erst 1833 eingeführt.

Viele der Namen erklären sich von selbst. In der Reichenstraße haben natürlich die wohlhabenden Kaufleute gelebt, die Steinstraße war die erste mit Kopfsteinpflaster und der Alte Wall führte an der ersten Befestigungsanlage entlang. „Andere Namen aber sind durchaus geheimnisvoll, oft auch skurril und lustig", sagt Schmoock. Die ABC-Straße zum Beispiel mündet in die Caffamacherreihe. Mit Kaffee hat der Name aber gar nichts zu tun. „Der Name geht auf holländische Einwanderer zurück, die spezialisiert darauf waren, Caffa – einen samtenen Stoff – herzustellen", erläutert der Hamburger. Nicht weit entfernt ist auch die Speckstraße. Das ist aber kein Hinweis auf ortsansässige Fleischereien (die waren in der Knochenhauertwiete angesiedelt), sondern auf den Anwohner Heinrich Speck. Die Fettstraße in Eimsbüttel geht ebenfalls auf einen ortsansässigen Bürger zurück.

Etwa 8100 Straßennamen gibt es in Hamburg: vom Aalheitengraben in Volksdorf (wobei Aal nicht der Fisch, sondern der niederdeutsche Ausdruck für Sumpf ist) bis zum Zypressenweg in Othmarschen. Doch besonders schön sind die alten Bezeichnungen wie Große Bleichen und Großer Burstah. „Große Bleichen war früher eine Wiese vor der Stadt", sagt der Historiker. Dort haben Bürger und vor allem Handwerker ihre Tuche gebleicht. Zum Burstah gibt es die schöne Geschichte, dass Bierbrauer und Bauern sich dort heftig gestritten haben. „Bur, stah!" (Bauer, bleib stehen!) sollen die Brauer gerufen haben. „Die Anekdote stimmt nur leider nicht. Das Wort bedeutet einfach bebautes

Ufer", erklärt der Hamburg-Kenner. Besonders einprägsam sind zwei Straßen in Eimsbüttel. Zum einen das Schulterblatt – das so heißt, weil ein Gastwirt im 18. Jahrhundert das Schulterblatt eines Wals außen an seiner Kneipe als Erkennungszeichen angebracht hat – und zum anderen die Rutschbahn im Uni-Viertel. „Auch hier ist ein Gastwirt für den Namen verantwortlich", sagt Matthias Schmoock. „Im Garten des Ausflugslokals Auf dem Grindel hatte er als Attraktion für die Gäste tatsächlich eine große Rutschbahn aufgebaut." Und da wir schon bei den Kneipiers sind: die Wandsbeker Bärenallee geht auf den Gasthof „Zum Schwarzen Bären" zurück, das Raubtier wurde dort wirklich gehalten.

Doch nicht nur in der Innenstadt, auch in den Randbezirken hat Hamburg markante Straßennamen vorzuweisen. In Poppenbüttel etwa gibt es die Straße Beim Kugelwechsel – und der Hintergrund ist tatsächlich ausgesprochen blutig. 1698 sollen sich dort nämlich ein Generalmajor und ein Oberst, die auch noch verwandt waren, mit Pistolen duelliert haben – mit tödlichem Ausgang: Der Ranghöhere starb. Auch nicht gewaltfrei ist die Goldene Wiege in Harburg. „Benannt ist die Straße nach einem nahe gelegenen Hünengrab", sagt der Historiker. Und dazu gibt es zwei Geschichten: die vom Edelmann, der seine Geliebte sitzen lässt, ihr aber eine goldene Wiege hinterlässt, und die von den Räubern, die ihre Beute inklusive goldener Wiege dort versteckt haben. „Als man in der Nähe Ausgrabungen machte, wurden übrigens Knochen einer Frau und eines Kindes gefunden."

Und dann gibt es noch den Hühnerposten. Der Ort befindet sich neben dem Hauptbahnhof – zentraler geht es also kaum. „Doch früher war hier ein vorgeschobener Wachposten der Stadt", erzählt Matthias Schmoock eine Variante. „Deshalb war er bei den Männern unbeliebt, er lag so weit draußen: bei den Hühnern." Die andere hat wieder mit einem Kneipier zu tun. Bei dem sollen die tanzenden Frauen ihre bunten Röcke haben fliegen lassen. Flatterhafte Hühner eben.

Sven Kummereincke

....
So geht's zum Schild:

Es steht an der Ecke ABC-Straße/Fuhlentwiete.

21

Mosaik

So wild kommen wir nicht mehr zusammen

Es ist sicherlich eines der meistbetrachteten Kunstwerke in Hamburg. Wer die U-Bahnstation Meßberg passiert, kann nicht umhin, an diesem die ganze Wand füllenden Kachel-Mosaik vorbeizukommen! Bunt und grell, vom Kubismus beeinflusst, ist es ein Paradebeispiel für Kunst im öffentlichen Raum. Seit Eröffnung des U-Bahnhofs am 22. Februar 1960 schmückt das Mosaik die Wand. „Doch als die Öffentlichkeit das Werk zu sehen bekommt, ist der Künstler todkrank: Fritz Kronenberg stirbt wenige Wochen später an den Folgen einer Kopfoperation", erzählt Matthias Gretzschel. Er ist Redakteur im Feuilleton des Hamburger Abendblatts und hat Dutzende Bücher über Hamburgs Geschichte veröffentlicht. „Fritz Kronenberg war einer der Organisatoren der sagenumwobenen Hamburger Künstlerfeste in der Zeit der Weimarer Republik."

Kurz nach dem Ersten Weltkrieg gründete sich 1919 die „Hamburger Sezession", eine Künstlervereinigung, die sich als Elite betrachtete. „Sie wollte der Kunst in Hamburg endlich den Rang verschaffen, den sie in der Kaufmannsstadt nie hatte", sagt Gretzschel. In der Tat hatten es Künstler hier immer schwer: Weder gab es eine Akademie noch Künstlercafés, ja kaum überhaupt eine Kunstszene. „Natürlich organisierte die Sezession Ausstellungen, berühmt – und berüchtigt – wurde sie aber mit ihren Künstlerfesten zur Faschingszeit im Curiohaus an der Rothenbaumchaussee", erläutert Gretzschel.

Gleichermaßen mit Abscheu und Faszination schaute das Bürgertum auf die mehrtägigen Feiern, die tatsächlich ein Gesamtkunstwerk darstellten. „Schriftsteller und Maler, Architekten und Schauspieler, Musiker und Tänzer inszenierten diese monatelang vorbereiteten Feste, deren Freizügigkeit auf biedere Bürger schockierend wirkte", erzählt Gretzschel. Ausdruckstänzer wie Lavinia Schulz (1896-1924) und Walter Holdt (1899-1924) zeigten nie gesehene Bewegungen, exotische Dekorationen und bizarre Masken verwandelten das Curiohaus

Matthias Gretzschel vor dem Mosaik Fritz Kronenbergs
in der U-Bahnstation Meßberg.

77

Das Kachelmosaik entstand kurz vor dem Tod des Künstlers.

in ein Fantasie-Panoptikum, und mitten zwischen den tanzenden Gästen trugen Schriftsteller ihre Werke vor. Schauspieler, die später berühmt werden sollten, wie Gustav Gründgens (1899-1963) und Victor de Kowa (1904-1973), traten ebenso auf wie die Schriftsteller Hans Henny Jahnn (1894-1959) und Hans Leip (1893-1983).

Die Feste hatten jedes Jahr ein Motto. Das erste 1919 hieß „Dämmerung der Zeitlosen", 1929 war es „Plüsch und Ploröse", 1932 dann „Krawall im All". „Da tanzte man bereits am Abgrund", sagt Matthias Gretzschel. „Der braune Schatten der Nazis war groß geworden." 1933 folgte die letzte Auflage. Der Titel „Himmel auf Zeit" war ein Abgesang. Kurz danach sollte die Hamburger Sezession gezwungen werden, ihre jüdischen Mitglieder auszuschließen – und reagierte mit Auflösung des Vereins. „Beim letzten Treffen am 16. März 1933 wurde die Vereinskasse in Champagner investiert", schildert der Journalist. Fritz Kronenberg schlug sich als Privatlehrer durch, seine Bilder galten als „entartet". Nach dem Krieg versuchte er, die „Sezession" wiederzubeleben, scheiterte aber. In den 50er-Jahren wurde er wegen einer Fernsehsendung des NDR durchaus noch populär: „Malen mit Fritz Kronenberg" hieß die Reihe.

Die Künstlerfeste erlebten indes eine Renaissance. Auf dem Lerchenfeld, der heutigen Hochschule für Bildende Künste, ging es alljährlich im Fasching wieder wild zu – bis 1968. Ausgerechnet im Jahr der Studentenunruhen und des Aufbruchs wurde jedoch auf Anzeige eines Oberfeldwebels, der sich am nackten Treiben stört, das LiLaLe (Liebe, Lachen, Lerchenfeld) verboten. „Offiziell, weil das Tanzen die Standfestigkeit des Gebäudes gefährde", berichtet Gretzschel schmunzelnd. Es steht noch heute.

Sven Kummereincke

So geht's zum Mosaik:

Das Mosaik schmückt die Stirnwand des Eingangs der U-Bahnhaltestelle Meßberg der Linie U1, zwei Stationen vom Hauptbahnhof entfernt.

Ingo Vierk steckt einen Brief in den Postkasten von Rob M. Sloman JR. Was drinsteht, bleibt sein Geheimnis.

22

Briefkasten
Post für einen großen Reeder

D ieser Briefkasten ist für den Hamburger Ingo Vierk ein Faszinosum! Immer wenn er den Baumwall entlanggeht, wirft er ihm einen Blick zu, weil er an lang vergangene Zeiten erinnert. Allein schon das Wort, das darübersteht: *Depeschen.* „Wer kennt das heute noch?", fragt Ingo Vierk. Auf dem Briefkastendeckel steht ein Name: *Rob M. Sloman JR.* Der Mann lebt schon lange nicht mehr. Aber bei großen Unternehmern ist das ja so, dass ihr Name überdauert, dann vor allem, wenn ihre Firmen fortbestehen. Auch bei dieser ist das der Fall: Die Reederei Sloman gibt es noch immer – und nicht nur das: Sie ist die älteste bestehende Reederei Deutschlands. Der Briefkasten befindet sich am 1908 erbauten Sloman-Haus, heute ein Bürokomplex, in dem die Reederei aber noch immer ihren Sitz hat. „Zum Glück hat man so viel Traditionsbewusstsein, dass man Briefkasten und Schild bestehen lässt", freut sich Ingo Vierk. Die Depeschen, die hier eingeworfen wurden, waren ohne Frage ausgesprochen wichtig – so, wie auch die Reederei in Hamburg eine große Rolle spielte und spielt.

Ihre Geschichte beginnt schon zwei Generationen vor dem Mann, dessen Name heute auf dem Briefkasten zu finden ist – mit Kapitän William Sloman (1744-1800). Der kommt 1791 aus seiner englischen Heimat Great Yarmouth in der Grafschaft Norfolk über das Meer nach Hamburg, wo er das Bürgerrecht erhält und zwei Jahre später, unterstützt von seinen Söhnen William Palgrave (1778-1811) und Robert Miles (1783-1867), ein Schiffsmaklergeschäft gründet. Nach dem Tod des Vaters kümmert sich Robert Miles Sloman um die Maklergeschäfte und baut die Flotte und mehrere Routen aus, zunächst nach England, dann aber auch nach Amerika und nach Australien.

Er hat ein gutes Gespür für Geschäfte: 1825 richtet er eine Dampferlinie von Hamburg nach London ein, und als ab 1836 in Hamburg eine Infrastruktur für Auswanderungswillige geschaffen wird, gründet er einen transatlantischen Liniendienst nach New York. 1850 stellt er sogar einen Schraubendampfer in Dienst, den er nach seiner Tochter Helena tauft und der mit Fracht und Auswanderern an Bord nach New York fährt, wofür er 31 Tage benötigt. Auf der Rückreise ist das Schiff 13 Tage schneller. Sloman gibt sich damit nicht zufrieden, 1868 brauchen seine Dampfer sogar nur noch neun bis zehn Tage von Hamburg nach New York.

„Zum Glück hat man so viel Traditionsbewusstsein, dass man Briefkasten und Schild bestehen lässt."

Das erlebt Robert Miles Sloman aber nicht mehr: Er stirbt 1867, der Junior übernimmt das Steuer dieser Reederei, die 1859 mit ihren 21 Schiffen die größte Hamburgs ist.

Robert Miles Sloman der Jüngere (1812-1900) hat schon langjährige Erfahrung im Unternehmen, in das er im Alter von 16 Jahren als Lehrling eingetreten war. Auch er treibt die Schifffahrt voran, die Geschäfte gehen gut, seine Schiffe verfügen über Kühlanlagen und sind deshalb auch für den Transport von Südfrüchten geeignet. Doch wie vielen Reedereien setzt auch der Sloman-Flotte der Erste Weltkrieg stark zu: 21 der 22 Schiffe gehen verloren. Trotzdem lässt Sloman sich nicht unterkriegen und baut bis zum Schicksalsjahr 1939 die Flotte wieder auf, bis er fast die ursprüngliche Stärke erreicht hat. Er behauptet sich auch weiterhin im Transport von Südfürchten – nur, um im Zweiten Weltkrieg wieder alles zu verlieren und erneut von vorne beginnen zu müssen. Es dürften also nicht nur positive Nachrichten gewesen sein, die am Sloman-Haus durch den Briefkastenschlitz fielen. Aber nie war eine darunter, die Robert Sloman Junior oder seine Nachfahren derart entmutigte, dass sie aufgegeben hätten.

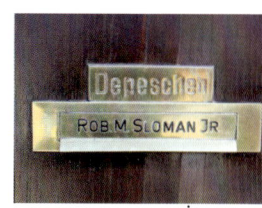

Briefkasten für einen großen Mann der Meere.

Heute heißt die Firma Sloman Neptun Schiffahrts-Aktiengesellschaft. Sie verfügt über 17 Flüssiggas- und fünf Chemikalientanker und vier Schiffe, die zum Transport rollender Güter wie LKW dienen. Die Schiffe der Reederei fahren auf Linienschifffahrt nach England, Antwerpen und Nordafrika. Robert Sloman Senior und Junior wären bestimmt stolz auf die Weiterentwicklung der Reederei gewesen. Und Firmengründer William auch!

Eva-Maria Bast

....

So geht's zum Briefkasten:

Er hängt an der Pforte des Sloman-Hauses, am Baumwall 3.

Sturmflut
16.-17. 2. 1962

23

Flutmarke
Mit dem Wasser kam der Tod

20 Milliarden Liter Wasser: Das ist etwa das 60-fache des Wassers, das sich normalerweise in der Binnen- und der Außenalster befindet. Das ist aber auch die Menge, die in der Nacht zum 17. Februar 1962 bei der großen Sturmflut über die Deiche in den Süderelberaum und vor allem nach Wilhelmsburg flutete. Man muss versuchen, sich das vorzustellen, wenn man an dem Haus an der Fährstraße 32 das kleine Schild betrachtet, das hier angebracht ist: eine Flutmarke. Sie zeigt an, wie hoch das Wasser damals bei der schwersten Hamburger Sturmflutkatastrophe der Neuzeit stand. „Diese Nacht hat Wilhelmsburg für immer verändert", sagt Margret Markert, die als Mitarbeiterin der örtlichen Geschichtswerkstatt den Stadtteil kennt wie kaum eine andere. Und damit meint sie nicht nur die 220 Menschen, die bei der Katastrophe in Wilhelmsburg ums Leben kamen (in ganz Hamburg waren es 315), sondern die Folgewirkungen für die kommenden Jahrzehnte.

In Wilhelmsburg gab es 1962 noch immer viele Behelfswohnungen und bewohnte Kleingärten. Zum Teil lagen sie direkt an den Deichen, die nach den Bombardierungen des Zweiten Weltkriegs nur unzulänglich wieder befestigt worden waren. In der Sturmflut-Nacht brachen sie an Dutzenden Stellen – viele Bewohner ertranken sofort oder wurden von den einstürzenden Behelfsbauten erschlagen. Zehntausende waren von der Außenwelt abgeschlossen, Strom- und Telefonnetze zusammengebrochen. Dass die Zahl der Opfer nicht noch höher war – zunächst hatte man bis zu 10.000 befürchtet – lag auch am damaligen Polizeisenator, dem späteren Bundeskanzler Helmut Schmidt (1918-2015), der sich in den folgenden Tagen als Krisenmanager um seine Vaterstadt verdient machte und die Hilfsaktionen organisierte.

„Als die unmittelbaren Folgen der Sturmflut beseitigt waren, wurden dann politisch die Weichen gestellt, die Wilhelmsburg bis heute

Margret Markert zeigt die Marke, die den Wasserstand an dem Haus während der Sturmflut 1962 angibt.

83

spürt", berichtet Margret Markert. Denn der Stadtteil sollte in weiten Teilen aufgegeben werden. Zunächst wurden (natürlich) die Deiche erhöht und modernisiert – diesem Programm fielen auch viele Wohnhäuser am Reiherstieg und an der Ernst-August-Schleuse zum Opfer. „1965 entschied dann der Senat, den gesamten westlichen Teil Wilhelmsburgs als Wohnort aufzugeben und für Industrie und Gewerbe zu nutzen", erzählt die Stadtteil-Kennerin. Das hatte zur Folge, dass kein Pfennig mehr in die Häuser investiert wurde, die so weiter an Attraktivität verloren. „Da viele Wilhelmsburger, sofern sie es sich leisten konnten, nach der Katastrophe ohnehin weg wollten, kam es zu einer großen Abwanderungswelle", berichtet Markert. Die heute eher verpönten Neubauwohnungen in Großsiedlungen wie Kirchdorf-Süd oder Neuwiedenthal waren damals sehr attraktiv. „Außerdem wurde bevorzugt an Flutopfer vermietet." Das führte dazu, dass es in wenigen Jahren einen großen Bevölkerungswandel gab – denn zeitgleich zogen viele Gastarbeiter, wie sie damals genannt wurden, nach Wilhelmsburg, weil sie dort günstigen Wohnraum fanden. „Als der Senat 1977 seinen Beschluss revidierte, war die Entwicklung nicht mehr aufzuhalten", beurteilt die Hamburgerin die Folgen.

Solche Flutmarken finden sich noch an vielen älteren Hamburger Häusern.

Von den heute rund 53.000 Einwohnern haben 58 Prozent einen Migrationshintergrund, bei den unter 18-Jährigen sind es 77 Prozent – jeweils deutlich über dem Hamburger Durchschnitt. Dies hat Wilhelmsburg den Ruf eines sozialen Brennpunktes eingebracht. Durchaus zu Unrecht. Denn es ist ein lebendiger Stadtteil, dessen zentrale Lage am Wasser seit einigen Jahren wieder junge Hamburger und Familien anlockt.

Sven Kummereincke

So geht's zur Flutmarke:

Sie ist am Haus in der Fährstraße 32 angebracht.

Susan Prahl hat sich viel mit der Geschichte der Poggenmühlenbrücke befasst.

24

Poggenmühlenbrücke
Quaaaak! Und das Klappern der Mühle

Hier haben schon viele Hamburger und Touristen gestanden und den Blick genossen: auf der Poggenmühlenbrücke. An Frösche haben dabei wohl die wenigsten gedacht. Warum auch. Stadtführerin Susan Prahl sind die quakenden Gesellen auch nie in den Sinn gekommen, wenn sie hier stand, um den Blick zu genießen. Und das tat sie oft, wenn sie ihre Schokoladenführungen durch die Speicherstadt unternahm. „Ich mag diese Stelle einfach", sagt sie. Irgendwann fing sie dann an, sich über den seltsamen Namen der Brücke zu wundern. „Warum heißt sie, wie sie heißt? *Poggenmühlenbrücke*, das ist ja wirklich ein komischer Name. Ich habe ganz viele Hamburger gefragt, ob sie wissen, woher der Name kommt, und keiner konnte mir diese Frage beantworten."

Die junge Frau ließ das nicht los, immer wieder rätselte sie über den Namen. Und dann ging sie nicht mehr zur Poggenmühlenbrücke, sondern blieb zu Hause, um zu recherchieren. „Ich habe mir jede Menge Bücher und Dokumente zusammengesucht", sagt sie. Und fand heraus, dass hier, bevor die Speicherstadt gebaut wurde, tatsächlich einmal eine Mühle gestanden hat – eine Walkmühle. „Das war das holländische Viertel, hier haben viele Tuchhändler gelebt und gearbeitet und ihre Stoffe gewalkt." Später sei die Mühle dann zu einer Kornmühle umgebaut worden.

„Die Fleete wurden damals ja für alles verwendet, das war nicht sonderlich schön und muss auch entsprechend gerochen haben."

Damit wäre also der zweite Teil des Namens erklärt. Was aber bedeutet Poggen? Auch das hat Susan Prahl herausgefunden: „In der Nähe der Mühle haben ganz viele Frösche gelebt. Und Pogg ist das plattdeutsche Wort für Frosch." Da haben wir es. Quaaaaak! Wobei Poggenmühle auch verdächtig ähnlich wie „Pochmühle" klingt. In Pochmühlen wurden Flachs und Hanf von ihren harten Bestandteilen gereinigt. Insofern handelt es sich bei den vermuteten Fröschen auch um eine scherzhafte Abwandlung des Namens „Pochmühle".

Eine der holländischen Tuchhändlerfamilien, die seit dem späten 16. Jahrhundert in Hamburg lebte, war die Familie Amsinck: Willem Amsinck (1542-1618), ein niederländischer Glaubensflüchtling, wanderte 1576 ein. Sein Handel mit Tuchen und Laken war so erfolgreich, dass er als Kaufmann großes Ansehen genoss. Familie Amsinck war bald aus dem Hamburger Stadtleben nicht mehr wegzudenken: Willems Sohn Rudolf (1577-1636) galt ab 1619 als angesehenes Mitglied des Hamburger Rats. Es entstanden zahlreiche Heiratsverbindungen mit bedeutenden Hamburger Familien: mit den Berenbergs, den Gosslers, den Jenischs und den Sievekings. Und auch deren Nachfahren hatten wichtige Ämter im Stadtgeschehen inne, so war Wilhelm Amsinck (1752-1831) ab 1802 Bürgermeister von Hamburg. Auch die Gründung der Vereinsbank Hamburg, der Hapag und der Hamburg Süd fand unter Beteiligung dieser Familie statt.

Zurück zur Brücke mit dem seltsamen Namen: Wie sie da so stand und grübelte, hat Susan Prahl sich fast schon gedacht, dass der Name „Poggenmuhle" auf die Vergangenheit verweist, denn: „In der ganzen Ecke der Speicherstadt ist es so, dass die Straßenbezeichnungen an die Zeit vor der Speicherstadt erinnern. In der Dienerreihe zum Beispiel haben früher die Ratsdiener gelebt." Und auch der Begriff „Wandrahm" begegnet einem hier oft – er beziehe sich auch wieder auf die Tuchmacher, sagt Prahl: „Die Färber haben ihre Stoffe früher zum Trocknen auf große Rahmen gespannt und an die Wand gelehnt. Die Farbe, die man zum Färben brauchte, floss durch die Fleete ab. Die Fleete wurden damals ja für alles verwendet, das war nicht sonderlich schön und muss auch entsprechend gerochen haben." Und noch etwas nicht gut Riechendes gab es, an das heute noch ein Name erinnert: „Meßberg kommt von Mistberg. Das war früher ein ganz großer Dreckhaufen. Da wurde der Dreck der Stadt vor die Tore gekehrt, und das hat sich dann angesammelt. Und ist immer höher geworden." Von dem Berg sieht man heute nichts mehr. Stinken tut es auch nicht – jedoch sind auch die wirklich duftenden Zeiten der Speicherstadt vorüber, seit die Waren vornehmlich in den Containern am Hafen und nicht mehr in den Ende des 19. Jahrhunderts gebauten Gebäuden lagern. „Damals roch es hier nach Tee, Kakao, Kaffee", sagt Susan Prahl. Übrigens: Für den Bau der Speicherstadt wurde das Wohngebiet Wandrahm, in dem viele holländische Einwanderer gelebt hatten, mit als Erstes abgerissen – ebenso wie viele weitere Gebiete und Häuser – am Kehrwieder zum Bespiel. Rund 20.000 Menschen, die dort lebten, mussten weichen.

Aber das ist eine andere Geschichte, die wir bereits in Band 1 erzählt haben. Eine Wiederholung wäre so gar nicht geheimnisvoll.

Eva-Maria Bast

....

So geht's zur Poggenmühlenbrücke:

Sie verbindet in der Speicherstadt die Straße Poggenmühle mit dem Alten Wandrahm und führt über das Wandrahmsfleet.

25

Katharinenportal
Eingang auf Wanderschaft

Sakrale Elemente an Profanbauten – aufgrund der Säkularisation findet sich das immer wieder, in ehemaligen Kirchen werden Feste gefeiert, manche Menschen wohnen sogar darin. Ungewöhnlicher ist, dass ein Element aus einem *Profanbau* nachträglich in einen *Sakralbau* eingesetzt wird. Beim südlichen, reich verzierten Eingang der Katharinenkirche, eine der fünf Hamburger Hauptkirchen, ist das aber der Fall. „Es war keineswegs immer das Eingangsportal zu diesen kirchlichen Räumen, sondern es gehörte zum Kontorhaus der Firma Julius Grossmann in der Catharinenstraße 8", erzählt Georg Schulz, der sich bestens in der Hamburger Handelsgeschichte auskennt und auch die Firmengeschichte von Julius Grossmann genauestens recherchiert hat. In dem Buch „Alt-Hamburgische Bauweise" von W. Melhop hat er ein Zitat gefunden, in dem steht, das Portal zeige „den Stil der deutschen Spätrenaissance, beeinflußt von der niederländischen Bauweise: reichornamentierte Pfeiler tragen den Rundbogen (...). Interessant und charakteristisch ist die groteske Maske am Schlußstein des Rundbogens, der durch ein leichtes Gesims gekrönt wird." Der untere Teil des Portals sei um 1890 verändert worden, erzählt Schulz.

Die Firma Julius Grossmann sei im Januar 1853 von den Kaufleuten Julius Grossmann (1827-1875) und Johann Carl Berdien als „Handelsgesellschaft J.C. Berdien & J. Grossmann" zusammengeschlossen worden. Kerngeschäft: Der Import und Export von Gewürzen, Chemikalien und Kolonialwaren. „Das war allerdings noch nicht am späteren Firmensitz in der Catharinenstraße 8, von dem auch die Tür stammt, sondern im Cremon 10", hat Georg Schulz recherchiert. Johann Carl Berdien leitete die Firma 14 Jahre lang gemeinsam mit seinem Partner, dann schied er aus gesundheitlichen Gründen aus dem Betrieb aus. Nun führte Julius Grossmann die Geschäfte allein – und kümmerte sich verstärkt um den Handel mit

Georg Schulz vor dem Portal, das einst den Eingang zu einem Profanbau bildete.

den USA, was ihn indirekt das Leben kosten sollte: Er starb auf dem Meer, als der Lloyddampfer „Deutschland" am 6. Dezember 1875 vor Harwich sank.

Die Geschäfte übernahm nun Nivard Kirchner (1847-1930), der die Firma als langjähriger Mitarbeiter bestens kannte. Er heiratete Julius Grossmanns Witwe Minna, wurde alleiniger Inhaber der Firma und brachte sie zu riesigem Erfolg: „Er baute Handelsbeziehungen zu den Ländern auf, in denen die Erzeugnisse angebaut wurden, und zog aus diesem direkten Handelsweg große Vorteile", sagt Georg Schulz. Es gelang Kirchner, die Umsätze um das Achtfache zu steigern. „Und nachdem 1888 der Hamburger Freihafen eröffnet worden war, nutzte er natürlich auch die Möglichkeit des zollfreien Handels."

Zur Erinnerung: Nach der Gründung des Deutschen Reichs hatte es um den zollrechtlichen Status der Stadt Hamburg zahlreiche Diskussionen und Verhandlungen gegeben, bis der Hamburger Senat und die Reichsregierung sich einigten und am 25. Mai 1881 einen Zollanschlussvertrag miteinander abschlossen. Hamburg wurde damit Teil des deutschen Reichszollgebiets – mit Ausnahme des Freihafens, in dem nach wie vor zollfrei gehandelt

„Es war keineswegs immer das Eingangsportal zu diesen kirchlichen Räumen, sondern es gehörte zum Kontorhaus der Firma Julius Grossmann in der Catharinenstraße 8."

werden durfte. Das Geld, das die Hansestadt als Ausgleich erhielt, setzte man für den Bau der Speicherstadt ein. Am 15. Oktober 1888 wurde der Freihafen eröffnet und brachte der Stadt großen Aufschwung – auch der Firma Julius Grossmann.

Rund 4000 Quadratmeter Speicher habe die Firma angemietet, berichtet Schulz, außerdem habe Kirchner zusammen mit anderen Hamburger Handelshäusern den Grundstein zum Fachverband „Verein zur Förderung des hamburgischen Handels mit Kolonialwaren, getrockneten Früchten und Drogen e.V." gelegt. Damit sind allerdings nicht Drogen im heutigen Sinne gemeint, sondern getrocknete – „dröge" – Heilkräuter. Man wollte dem Handel klare Strukturen geben und damit außerdem Sicherheit bei Vertragsabschlüssen erreichen, schildert Georg Schulz das Ziel des Fachverbands.

Das Sortiment der Handelsfirma war ausgesprochen vielfältig, wie eine „Preis-Liste von Julius Grossmann Hamburg. Droguen, Chemikalien, Gewürze etc." aus dem Jahr 1899 zeigt. Auf dieser Liste ist als „Specialität" gleich auf dem Titelblatt „Borax, Borsäure, Camphor etc." angegeben. Und auch wo und wie man das Unternehmen telefonisch erreicht, erfährt der interessierte Leser: „Amt 1, No. 1686 und 7597". Es folgt eine lange Liste der lieferbaren Güter, wie Gewürze, Sämereien und Südfrüchte. Auch erhält die geschätzte Kundschaft Auskunft über die erhältlichen Waren und deren Preisentwicklung: „Nelkenstengel sind in regem Begehr und Preise höher", steht dort. Zudem ist der Preisliste zu entnehmen, dass „Paradieskörner (…) bei schwachem Vorrat weiter im Preise erhöht worden" sind. Man erfährt auch etwas über die Herkunftsländer: „Da in

Ein Portal auf Wanderschaft: Es befand sich früher an einem ganz anderen Gebäude.

Marocco eine Missernte stattgefunden hat, so sind Offerten für neues Korn sehr hoch und alte Saat wird auch teurer bezahlt. Unter diesen Umständen sollte Tunis-Coriander, worin ich demnächst Offerten haben werde, an Interesse gewinnen."

Was folgt, ist eine Geschichte, wie sie viele Unternehmen in den kommenden stürmischen Jahren und Jahrzehnten durchmachen mussten: gut laufende Geschäfte vor dem Ersten Weltkrieg, dann schwere Zeiten direkt im Krieg, daraufhin eine erneute Blüte in den Zwanzigern, schließlich wieder schwere Zeiten im Zweiten Weltkrieg: Die Firma wurde mehrfach ausgebombt, das Gebäude Catharinenstraße 8 1941 schwer zerstört. „Das Portal konnte man retten und

einlagern, bis es später am Kirchengebäude angebracht wurde",
berichtet Georg Schulz.

Nach der Zerstörung des Kontorhauses existierte das Unternehmen
noch ganze 66 Jahre, bis sein Eintrag im Handelsregister am 19.2.2007
„wegen Vermögenslosigkeit von Amts wegen gelöscht" wurde.

Die steinerne Türeinfassung am Kirchengebäude jedoch wird
zum Glück nicht so schnell verschwinden. Und wer weiß: Vielleicht
schreitet heute – hochbetagt – manch ein Gläubiger hindurch, der
in früheren Zeiten durch genau dieses Portal das Grossmann'sche
Handelshaus betrat? Damals als Kunde, heute als gläubiger Christ?

Eva-Maria Bast

....

So geht's zum Katharinenportal:

*Es befindet sich an der Südseite der Katharinenkirche. Diese steht am
Katharinenkirchhof 1.*

*Kay-Peter Suchowa steht vor dem Grundstück, auf dem er
die so erfolgreiche archäologische Ausgrabung geleitet hat.*

26

Neue Burg
Hamburgs echte Keimzelle

Wenn Sie jetzt, die „Hamburger Geheimnisse" in der
Hand, an der beschriebenen Stelle stehen, dann weiß
ich leider nicht, was Sie sehen werden. Denn der Ort an
der kleinen Straße Hahntrapp in Hamburgs City an der
Nikolaikirche ist auf unabsehbare Zeit Baustelle. Gleich mehrere
Häuser wurden und werden abgerissen, die Grundstücke neu bebaut.
Das hat aber auch sein Gutes: Denn ohne die Bauarbeiten gäbe es diese
Geschichte gar nicht zu erzählen.

Der Mann, der sich am meisten über die vielen Abrisse freut, heißt
Kay-Peter Suchowa. Er ist Archäologe – und der Abbruch eines
Hauses an so geschichtsträchtiger Stelle bietet ihm Gelegenheit, dem
Boden Geheimnisse zu entlocken. „Das Areal rund um die Nikolai-
kirche ist die eigentliche Keimzelle der Stadt Hamburg", sagt er. „Hier
kam es zur ersten großen Expansion Hamburgs, und hier waren die

Die als Mahnmal erhaltene Nikolaikirche steht dort, wo sich im 11. Jahrhundert der Innenbereich der Burg befand.

Kaufleute zu Hause, die Hamburg im Laufe der Zeit zur Handelsmetropole machen sollten." Hier, zwischen Großem Burstah und Willy-Brandt-Straße, geht es aber auch um die Konkurrenz zwischen Grafen und Bischöfen, Sachsen und Slawen, um mittelalterlichen Technologie-Transfer – und eine Burg, die es nie gegeben hat.

Erzählen wir also der Reihe nach – und beginnen ein paar Hundert Meter weiter westlich auf dem Domplatz. Dort stand seit dem 8. Jahrhundert die Hammaburg, die der Stadt den Namen gab und Kern der Siedlung war (siehe Hamburger Geheimnisse, Band 1). Die Burg wurde mehrfach erobert, erst von Wikingern, dann von Slawen, aber immer wieder aufgebaut, bis man sie im frühen 11. Jahrhundert doch aufgab. Stattdessen wurde nach Osten hin der „Heidenwall" errichtet, eine Art erste Stadtmauer.

„In den Geschichtsbüchern steht, dass das Bistum 1040 eine Bischofsburg nahe dem Domplatz errichtet hat – aus Stein, was damals eine Sensation war, denn alle Bauten zuvor waren aus Holz", erläutert Suchowa. Als Reaktion darauf hätte der Billunger Herzog Bernhard II. (um 990-1059) – Herr über ein riesiges norddeutsches Gebiet und eifersüchtig darauf bedacht, dass die „Pfaffen" ihn nicht ausstechen – 1043 die Alsterburg, ebenfalls aus Stein, gebaut. „Und sein Sohn Ordulf soll dann 1061 in der Neustadt, rund um die heutige Nikolaikirche, die sogenannte Neue Burg errichtet haben."

Doch die Geschichtsbücher müssen umgeschrieben werden, seit Suchowa im Frühjahr 2015 die Ergebnisse seiner Grabungen vorgestellt hat. Damals konnte sein Team an der Ecke Hopfenmarkt/Hahntrapp nach dem Abriss eines Bürohauses aus den 60er-Jahren eine lang erhoffte Grabung angehen. Und die Ergebnisse waren sensationell. „Wir konnten nachweisen, dass die Neue Burg 40 Jahre älter war, nämlich in den Jahren 1021 bis 1023 gebaut wurde", berichtet Suchowa.

Möglich wurde das durch die „Dendrochronologie", die Lehre vom Baum-Alter. Dafür braucht man gut erhaltene Baumstämme, die im Labor untersucht werden. Anhand der Jahresringe kann man den Wachstumsverlauf bestimmen – und der ist wie ein Fingerabdruck typisch für eine ganz bestimmte Region in einem ganz bestimmten Zeitalter. „So konnte bewiesen werden, dass die Bäume, die für den Wall der Burg benutzt wurden, in den Jahren 1021 bis 1023 gefällt wurden", erklärt Suchowa. Dazu muss man wissen, dass unsere durch Filme geprägte Vorstellung von Burgen für diese Zeit in Norddeutschland völlig falsch ist – es handelte sich um sogenannte Holz-Erde-Konstruktionen. Baumstämme wurden aufgeschichtet und alles mit Erde befüllt, um einen Wall zu schaffen. Dann gab es Holzpalisaden zum Schutz der Bauten im Inneren der Burg. Die Konstruktion des Walles ist allerdings ungewöhnlich für einen Bau der Sachsen, die damals den Großteil der Bevölkerung stellten. „Die Sachsen haben die Baumstämme normalerweise nicht bearbeitet. Hier aber gab es Fixierungen, ähnlich der Bauweise eines Blockhauses", erzählt der Archäologe. Das ist die viel stabilere Methode – und typisch für Slawen. Da hat man wohl vom alten Gegner gelernt – eine Art mittelalterlicher Technologietransfer.

Ein Nebeneffekt der neuen Erkenntnisse der Forscher war das „Verschwinden" der Alsterburg, deren Überreste nie gefunden wurden und die tatsächlich nie existierte. Suchowa: „Es war die Fehldeutung einer einzigen schriftlichen Quelle, die Historiker veranlasst hat, eine solche Burg anzunehmen." Und als man beim Bau des Rathauses, das 1897 fertiggestellt wurde, auf Überreste eines steinernen Turms stieß, waren sich alle Experten sicher, die gräfliche „Alsterburg" entdeckt zu haben. „Später allerdings wurde zweifelsfrei festgestellt, dass dieser Turm viel jünger ist, also keinesfalls aus dem 11. Jahrhundert stammen kann", erklärt der Archäologe. Jetzt sind alle Experten sicher: Es gab niemals eine Alsterburg, sondern nur die „Neue Burg".

> *„Hier kam es zur ersten großen Expansion Hamburgs, und hier waren die Kaufleute zu Hause, die Hamburg im Laufe der Zeit zur Handelsmetropole machen sollten."*

Die schriftliche Quelle, die jahrhundertelang die Stadtforscher genarrt hat, ist die Kirchenchronik Adam von Bremens (vor 1050-1085), der von der Burg als „domum" (Haus) schreibt. Das wurde fälschlicherweise als „festes Haus" übersetzt, weswegen man von einer steinernen Burg ausging. Die Bischofsburg hingegen beschrieb Adam von Bremen als „domum lapideum" – „steinernes Haus". „Ein Steinbau war damals in Hamburg so außergewöhnlich, dass es natürlich betont wurde", sagt Prof. Rainer-Maria Weiss, Chef des Archäologischen Museums Hamburg. Also kann das „domum" von Bernhard II. keine Steinburg gewesen sein. Die „Alsterburg" kann demnach aus den Geschichtsbüchern gestrichen werden.

Doch auch die reale, die Neue Burg, hatte keine allzu lange Geschichte. „Wahrscheinlich zwei Mal ist sie erobert worden: 1066 und 1072, jeweils von Slawen", erzählt Kay-Peter Suchowa. Wann genau sie aufgegeben wurde, ist unbekannt. Ein Jahrhundert später aber entstand genau hier die gräfliche „Neustadt", die erste große Erweiterung Hamburgs. Graf Adolf III. von Schauenburg (1160-1225) hat dafür Wirad von Boizenburg engagiert – heute würde man ihn wohl Projektmanager nennen. Er ließ das ganze Areal aufschütten und vergab die Parzellen an Kaufleute, die er unter anderem aus Holland, Friesland und Westfalen anwarb. „Sie hatten aber eine Bedingung: Sie wollten das Lübecker Stadtrecht", erklärt der Archäologe. Das galt als besonders modern und stattete die Bürger mit weitgehenden Rechten aus – es wurde 1188 gewährt. Und weil an dem Alsterarm, der damals noch hier entlangfloss, auch der erste Hamburger Hafen angelegt wurde, kann man durchaus von der Geburtsstunde der Stadt sprechen: Wer heute rund um die im Zweiten Weltkrieg zerstörte und als Mahnmal erhaltene Nikolaikirche spazieren geht, der wandert durch das eigentliche historische Zentrum der Kaufmannsstadt.

Sven Kummereincke

....

So geht's zur Neuen Burg:

Zwischen den Straßen Hopfenmarkt, Hahntrapp und Neue Burg befanden sich die gräfliche Festung und die erste Kaufmannssiedlung.

EMOLAMENTO PVBLICO

I H SCHRODER

Ingrid Nümann-Seidewinkel vor der Kapelle des
Schröderstifts mit der Widmung des Gründers.

27

Marmorplatte
Die Rettung des Schröderstifts

Immobilien-Entwicklern kommen regelmäßig die Tränen, wenn
sie an dem Grundstück vorbeigehen. Da ist dieses riesige Areal
mitten in der Stadt, gerade einmal zweigeschossig bebaut, mit
dem großen Park vorne und dem üppigen Garten hinten. Was
könnte man da alles hinsetzen! 200, 300, 400 Wohnungen? Modern
ausgestattet, erstklassige Verkehrsanbindung, Zwei-Zimmer-Woh-
nungen ab 420.000 Euro…

    Dass es nicht so weit gekommen ist, ist dem Widerstand weniger
Bewohner und vieler Hamburger zu verdanken. Sowie einer jungen

Bezirksamtsleiterin, die gerade vier Tage im Amt war, als das historische Ensemble in höchster Gefahr schwebte: das Schröderstift, 1852 errichtet – damals weit draußen vor der Stadt. Und der Zweck des Hauses ist eingemeißelt in eine Marmortafel: *Emolumento Publico – hic hospitum exstruxit J.H. Schröder – MDCCCLII*. Auf Deutsch: Dem öffentlichen Nutzen – hier hat J.H. Schröder ein gastliches Haus errichtet – 1852. Jetzt steht Ingrid Nümann-Seidewinkel vor dem schönen Flügelbau und erinnert sich an den Herbst 1980. „Donnerstag habe ich das Amt übernommen und am Montag versicherten Mitarbeiter im Kerngebietsausschuss, die Häuser seien nicht mehr standfest und müssten abgerissen werden", sagt die Juristin, die damals im Alter von 37 Jahren die Leitung des Bezirksamtes übernahm und später Hamburgs Finanzsenatorin wurde.

„Dem öffentlichen Nutzen" steht lateinisch auf der Marmortafel.

Doch beginnen wir mit Johann Heinrich Schröder (1784-1883), dem Hamburger Kaufmann und Bankier, dem ein ebenso langes wie reiches Leben beschert war. Wie es sich für einen Hanseaten geziemt, wollte er zumindest einen Teil seines Vermögens spenden und gründete eine „mildtätige Stiftung" – mit der damals enormen Summe von einer Million Mark. Damit errichtete der jüdische Architekt Albert Rosengarten (1810-1893) die großzügige Anlage am Schlump: mit einer Kapelle im Zentrum und 52 kleinen Wohnungen in den Flügelbauten. Bis 1874 wurde der Bau zweimal erweitert, sodass in ländlicher Umgebung eine überaus großzügige Anlage entstand. Dort sollten „Personen höheren Standes, die dessen bedürfen" und vor allem „unverschuldet in Not geratene Frauen" eine Bleibe finden. „Normale" Arme wurden also nicht aufgenommen...

Im Laufe der Jahrzehnte holte die Stadt das Stift langsam ein. Im 20. Jahrhundert war die Lage schließlich sehr zentral zwischen den Stadtteilen Sternschanze und Rotherbaum. Und so wurden die Gebäude auch im Krieg nicht verschont: 1943 zerstörten britische Bomben den Großteil der Wohnungen. Weil die Stiftung mittlerweile nicht mehr gut bei Kasse war, dauerte es bis in die späten 50er-Jahre, bis die Wohnungen dank Spenden zumindest halbwegs wiederhergerichtet werden konnten. Doch die Ausstattung genügte bald auch bescheidenen Ansprüchen kaum mehr: Kohleöfen, keine Badezimmer, Gemeinschaftstoiletten. Gleichzeitig brauchte die benachbarte und schnell wachsende Universität dringend Platz für ihre Erweiterung. Und so kam es zum 1971 vollzogenen Grundstückstausch: Die Stiftung bekam elf Millionen Mark und ein Areal in Langenhorn, die Stadt übernahm die Immobilie am Schlump. Einige Gebäude auf dem nördlichen Teil des Grundstückes wurden abgerissen – dort entstand ein Bau, der gegensätzlicher nicht hätte sein können: das Geomatikum. Ein 85 Meter hoher Albtraum aus Beton. Ingrid Nümann-Seidewinkel wohnte schon damals als Jura-Studentin ganz in der Nähe. „In den Tagen vor dem Abriss sind viele in die verlassenen Häuser gegangen und haben geschaut, was noch zu gebrauchen ist", erinnert sie sich. Und fügt schmunzelnd hinzu: „Ich habe noch heute ein paar der alten Schilder mit den Hausnummern im Keller."

Das Schicksal der übrigen Gebäude schien ebenfalls besiegelt, auch wenn der schon beschlossene Abriss verschoben wurde. Die SAGA, eine städtische Wohnungsgesellschaft, verwaltete die Gebäude, überließ das Nutzungsrecht dem Studentenwerk, und das vermietete die kargen Wohnungen. Doch die Planung, das Gelände für Zweckbauten der Uni zu nutzen, blieb bestehen.

Jetzt taten sich die Mieter der maroden Kleinwohnungen zusammen und gründeten eine Initiative. Sie forderten vom Studentenwerk die Behebung zumindest der schlimmsten Mängel und den Erhalt der Häuser. „Das Studentenwerk wollte sich zurückziehen, die SAGA wollte auch keinen Ärger und im Rathaus stritt man sich um Zuständigkeiten", erinnert sich Ingrid Nümann-Seidewinkel. „Also hat man die Sache dem Bezirk überlassen." Ein entscheidender Punkt war, dass die Studenten Mietverträge hatten. „Das machte es politisch einfacher, weil sie keine Hausbesetzer waren, und juristisch schwieriger, sie aus den Wohnungen zu bekommen."

Unterstützung bekamen die Abriss-Gegner von Denkmalschützern und Architekten, auch die Presse berichtete eher in dieser Richtung, allerdings gab es auch reichlich Vorbehalte, weil das Ganze manchen doch zu sehr nach alternativem Wohnprojekt von langhaarigen Linken, die noch nie richtig gearbeitet haben, klang. „Die Gespräche mit den Mietern begannen auch alles andere als einfach", sagt Ingrid Nümann-Seidewinkel. Da gab es Andeutungen, dass die als militant bekannte Amsterdamer Hausbesetzer-Szene („Kraker" nennt man sie dort) nach Hamburg kommen würde, wenn es zur Räumung käme.

Doch dann betraten zwei Männer die Bühne, die das Ganze in eine konstruktive Richtung lenkten: der Rechtsanwalt Bernd Vetter und der Architekt Joachim Reinig. „Vetter vertrat die Bewohner und hatte ihr Vertrauen, Reinig legte Pläne vor, wie man die Gebäude günstig sanieren könne", schildert die damalige Bezirksamtsleiterin die neue Lage. Dass der Bau nicht mehr standfest sei, hatte sich längst als Unsinn herausgestellt, allerdings hatte sich Schwamm in den Gemäuern breitgemacht. Der Senat ließ sich auf den Erhalt ein und bewilligte 865.000 Mark. „Das Geld hätte aber niemals ausgereicht. Es war schon beeindruckend, mit wie viel Eigenleistung die Bewohner die Sanierung hinbekommen haben." Dabei wurden sie auch von Wandergesellen unterstützt, die nicht nur Fachkenntnisse, sondern auch die nötige Energie mitbrachten. Nümann-Seidewinkel: „Die legten morgens um sieben los und warfen die Bewohner zur Not auch aus dem Bett."

Sie erinnert sich noch an einen Baustellenbesuch mit Bürgermeister Klaus von Dohnanyi. „Ich hatte etwas Sorge, ob er nicht mit Tomaten empfangen würde." Wurde er auch – allerdings in Form von Häppchen. „Er war ziemlich beeindruckt." Und so kam der von Nümann-Seidewinkel ausgehandelte, zunächst auf 15 Jahre befristete Vertrag zustande: Es wurde ein einmaliger Zuschuss bezahlt, die Mieterselbstverwaltung verpflichtete sich zur Sanierung und Instandhaltung. „Das Wort Wohnen kommt in dem Vertrag übrigens nicht vor", sagt die Juristin. „Unsere Beamten hatten Sorge, dass dann die Stadt zu weiteren Investitionen verpflichtet wäre, wenn die Mieter es verlangt hätten."

„Das Studentenwerk wollte sich zurückziehen, die SAGA wollte auch keinen Ärger und im Rathaus stritt man sich um Zuständigkeiten."

Die Einigung hatte länger Bestand, als damals alle Beteiligten geglaubt hätten. Heute leben knapp 100 Menschen in den sanierten Wohnungen. Es ist ein grünes Idyll in der Großstadt, wenn auch „akustisch mit dem Charme einer Autobahnraststätte", wie es Wittfried Malik, einer der Bewohner, 2002 zum 150-jährigen Bestehen des Stifts formulierte. Die Kapelle wird seit 2006 von der Koptisch- sowie der Äthiopisch-orthodoxen Gemeinde genutzt, nachdem die Griechisch-Orthodoxen sich eine größere Kirche gesucht haben.

Von Abriss redet schon lange niemand mehr in der Stadt. Selbst als die Erweiterung der Uni im Stadtteil beschlossen wurde (man hatte auch über die Verlagerung an den Hafen nachgedacht), äußerte keiner Begehrlichkeiten gegenüber dem Schröderstift. „Und so soll es auch bleiben", sagt Ingrid Nümann-Seidewinkel, die noch heute in der Nähe wohnt und zu jedem Fest eingeladen wird, das die Bewohner veranstalten. „Dem öffentlichen Nutzen" steht da schließlich lateinisch auf der Marmortafel an der Kapelle. Und zu diesem Satz hat die Hamburgerin ein ganz besonderes Verhältnis. Denn sie ist auch 1. Vorsitzende der Patriotischen Gesellschaft von 1765, auf deren Initiative im Laufe ihrer Geschichte Einrichtungen wie Bücherhallen und Museen, Hochschulen, Sparkassen und diverse Sozialeinrichtungen gegründet wurden. Das Motto heißt: Dem Wohl der Allgemeinheit.

Sven Kummereincke

....

So geht's zur Marmorplatte:

Das Schröderstift befindet sich auf dem Eckgrundstück Beim Schlump/ Schröderstiftstraße, die Inschrift ist an der Kapelle zentral angebracht.

28

Nobistorpfeiler

Grenzenlosigkeit in vielerlei Hinsicht

„Wenn sich die späten Nebel drehn / werd ich bei der Laterne stehn / wie einst Lili Marleen." Diese Liedzeile spielt sich ganz automatisch im Kopf ab, wenn man die Straßenlaterne an der Reeperbahn/Ecke Große Freiheit entdeckt, die da etwas verloren inmitten von Leuchtreklamen steht, welche die Vorzüge des horizontalen Gewerbes anpreisen. Allerdings sind es an diesem Morgen logischerweise auch eher frühe als späte Nebel, die sie umwogen. Nimmt man die Straßenlaterne dann etwas genauer in Augenschein, bemerkt man, dass sie durchaus ungewöhnlich und obendrein sehr sorgsam gearbeitet ist. Verschlungene Ornamente zieren den Pfeiler, man kann die ineinander verwobenen Initialen *CR* entziffern, auf denen eine Krone sitzt. An anderer Stelle steht *Nobis Bene* geschrieben, auch das Altonaer Stadtwappen ist zu erkennen. Was hat es mit all diesen Inschriften und Abbildungen auf sich? Und warum betreibt man so viel Aufwand für eine Straßenlaterne? „Das ist keine Straßenlaterne", stellt Stadtführer Marc Müller richtig. „Oder zumindest war sie das ihrem Ursprung nach nicht. Bei dieser Säule handelt es sich um Reste des sogenannten Nobistores." Dieses sei eine der sechs Einfahrten nach Altona gewesen, und zwar „die, die am meisten frequentiert wurde", erklärt Müller. Außerdem habe es noch das Millerntor, das Pinnastor, das Trommeltor, das Hummeltor und das Schlachterbudentor gegeben. Die Torflügel hätten nur aus Holz bestanden, erzählt der Stadtführer. Das 1664 zur Stadt erhobene Altona sei im Gegensatz zu Hamburg nicht sonderlich gut geschützt oder etwa von Mauern umgeben gewesen, wie man das von den mittelalterlichen Städten kennt. „Es gab lediglich Grenzbäche und ein paar Wälle. Die Altonaer haben auch immer gesagt: Eigentlich sind wir gar nicht geschützt. Darauf waren sie aber andererseits auch wieder sehr stolz, da sie ja sehr offenherzig und liberal waren, liberaler als das verstockte Hamburg."

Eine Straßenlaterne – oder doch nicht? Sie war mal was ganz anderes, weiß Marc Müller.

Als der Pfeiler des Nobistors nach 2008 saniert wurde, hat Wolfgang Vacano, der Leiter des Altonaer Stadtarchivs, die Restaurierung dokumentiert und sich ausführlich mit der Geschichte des Nobistors auseinandergesetzt. Er macht darauf aufmerksam, wie wichtig es auch für das Wachstum Altonas war, eine offene Grenzpolitik zu betreiben. Habe Hamburg gewissermaßen bereits am Stadttor aussortiert, wer in die Stadt hinein darf, sei Altona auf Zuwanderung angewiesen gewesen. Gab es in Hamburg „strengen Zunftzwang", wie Vacano schreibt, „ging Altona einen anderen Weg, der sich schon bald als großer Vorteil erweisen sollte". Handwerker, die in Altona arbeiteten, hatten in einer besonderen Wirtschaftszone Gewerbefreiheit, das heißt, sie mussten keiner Zunft angehören und konnten ihre Waren daher auch preisgünstiger anbieten. Das wiederum erboste freilich die Hamburger Handwerker und gab Anlass zu vielen Auseinandersetzungen.

Straßenlaternen wurden viel und oft besungen. Um diese hier rankt sich eine besondere Geschichte!

Dann, am 17. November 1740, wurden zum einen die Grenzsteine zwischen Hamburg und Altona gesetzt (siehe Geheimnis 47), zum anderen die Tore gebaut, die damals „Pfohrten" hießen. Bei diesen „Pfohrten" handelte es sich nicht um wehrhafte Tore, sondern nur um bewachte Sperren, die mit einem Schlagbaum abgeriegelt wurden. Die Errichtung des Nobistors mit Fallgitter und verschließbaren Holztoren wird der Regierungszeit (1840-1848) König Christians VIII. von Dänemark zugeschrieben. Für die Tore, berichtet Marc Müller, habe es feste Öffnungszeiten für die Sommer- und die Winterzeit gegeben, die durch dreimaliges Läuten mit der Glocke angekündigt wurden. Bewohner, welche die Stadttore nach Einbruch der Dunkelheit passieren wollten, mussten bis 1860 eine „Torgebühr" entrichten. Da sich das aber nicht jeder leisten konnte, setzte kurz vor Schließung ein Ansturm auf die Tore ein. So entstand auch die Redewendung „Torschlusspanik haben".

Die Tore taten ihren Dienst bis Ende 1860, dann wurden sie stillgelegt. „Vom Nobistor blieben die beiden Pfeiler stehen", sagt Marc

Müller – als Erinnerung. „Und irgendwann kam man auf die Idee, dieses Relikt einem Nutzen zuzuführen und zu einer Laterne umzufunktionieren." Allerdings ist nur noch einer der beiden Torpfeiler – die heutige Straßenlaterne – übrig. „Der andere Teil wurde im Krieg zerstört."

Widmen wir uns der Verzierung: der Inschrift *Nobis Bene*, den gekrönten Initialen und dem Wappen. „*Nobis Bene* ist nur die halbe Inschrift", erzählt Müller. „Auf dem Pfeiler, der im Krieg zerstört wurde, stand der Rest: *nemini male*. Zusammengenommen bedeutet der Spruch: Uns Gutes, niemandem Schlechtes. Das ist ein Trinkspruch, den es in Altona immer gab, für Freiheitsliebende. "

Was war zuerst da, Spruch oder Name? Müllers Antwort überrascht: „Man ist sich ziemlich sicher, dass das Tor nach einem Gasthaus benannt wurde, das auf der Hamburger Seite stand. Es hieß Nobiskrug und bestand ab Anfang des 16. Jahrhunderts bis zum Beginn des 17. Jahrhunderts." Erst ab 1739 nannte man das Tor „Nobistor".

Vergleicht man das Altonaer mit dem sehr ähnlichen Hamburger Wappen, so stellt man fest, dass auf dem Altonaer Wappen ein Tor mit offenen Flügeln abgebildet ist, das Hamburger Wappen jedoch ein geschlossenes Tor zeigt. Marc Müller findet es faszinierend, wie viel Geschichte sich anhand dieser beiden Wappen darstellen lässt.

Und schließlich das *C* und das *R* mit der Krone: „Das ist ein Hinweis darauf, dass die wehrhaften Tore unter dem dänischen König Christian VIII. (1786-1848) errichtet wurden", sagt Müller. „Das *R* steht für Rex und das *C* für Christianum."

Eva-Maria Bast

....

So geht's zum Nobistorpfeiler:

Er steht an der Reeperbahn, wenige Meter östlich der Einmündung zur Großen Freiheit.

Pflastersteine

Grenzen über Grenzen

Es sind nur Pflastersteine in gerader Linie, die da in der Mitte der Straße zu sehen sind. Nichts, was einem sofort auffallen würde. „Diese Reihe von quadratischen Pflastersteinen zeigt die damalige Grenze zwischen Hamburg und Preußen. Der angrenzende Stadtteil Wandsbek war bis zum Groß-Hamburg-Gesetz von 1937 ein Teil der preußischen Provinz Holstein", berichtet Norbert Stindt von der Geschichtsgruppe Dulsberg e.V. Er steht dort, wo der Eulenkamp auf die Elsässer Straße trifft. „Erst am 15. Juni 1950 hatte der aus Vertretern aller Bezirke gebildete Landesausschuss beschlossen, dass das Dulsberg-Gebiet zum Bezirk Hamburg-Nord gehören soll." Zuvor habe das Gebiet zum Stadtteil Barmbek gehört, damals noch Barmbeck geschrieben (siehe Geheimnis 11).

Was heute niemandem mehr auffällt, war früher augenfälliger. „Die Grenze war zu Zeiten der Gaslaternen leicht erkennbar: Auf der einen Seite der Straße standen Hamburger und auf der anderen Seite Wandsbeker, also preußische Gaslaternen", erzählt Norbert Stindt. Jahrzehntelang gab es hier auch Wochenmärkte. „Die Bauern aus dem Umland sollten kurze Wege haben. Daher gab es an Hamburgs Stadtgrenze viele Wochenmärkte. Nachdem Wandsbek zu Hamburg kam, war der Wochenmarkt dann mittendrin, mitten in der Stadt."

Der Dulsberg gehörte nie zu den reichen Gebieten. Die Barmbeker, die am Dulsberg lebten, waren in den frühen Jahren berüchtigt. Sie waren als kriminell, als „Spitzbuben" verschrien. Dies wird in einem aus den frühen Jahren stammenden Spottvers beschrieben: „Op'n Dulsbarg stohn ölben Hüser / un de hebbt ölben Schosteens, / un ut jeden Schosteen / do kickt een Spitzbow rut, / un wo keen rutkickt, / de is op Rouw ut." (Auf dem Dulsberg stehen elf Häuser, und die haben elf Schornsteine, und aus jedem Schornstein guckt ein Spitzbube raus, und wo keiner rausguckt, da ist einer auf Raub aus.)

Diese Pflastersteine zeigen den Grenzverlauf.

Der Ruf der Barmbeker und Dulsberger war durchaus legendär. Genau wie die Rangeleien oder gar Schlägereien der Jungen mit den Wandsbeker Altersgenossen. „Die Hamburger Schudels, wie die Gendarmen genannt wurden, mussten hier oft eingreifen und trafen immer wieder auf bekannte Gesichter", sagt Norbert Stindt. Die Stadtteile, in denen man es mit solchen „Brieten" zu tun hatte, hießen unter den Hamburgern spöttisch auch „englische" Viertel. Dabei kommt der Begriff aus dem Französischen und bedeutet roh oder auch brutal. Doch nicht nur die Sprache war auf dem Dulsberg international geprägt, am Eulenkamp verliefen im Laufe der Jahrhunderte sogar mehrere Staatsgrenzen. Zum Beispiel die zwischen Hamburg und Österreich. Oder auch die französisch-dänische.

Norbert Stindt steht an der Stelle, an der kurioserweise einst Dänemark an Frankreich grenzte.

Um die nun vielleicht aufkommende geografische Verwirrung zu beseitigen, müssen wir ziemlich tief in die Geschichte einsteigen. Beginnen wir mit Barmbek, dem Dorf, das nach dem Bach „Bernebeke", der heutigen Osterbek, benannt wurde. Weil der Graf von Holstein (was beim Adel häufig vorkam) knapp bei Kasse war, verkaufte er 1355 Barmbek an das „Hospital vom Heiligen Geist", eine geistliche Pilgerherberge in Hamburg, die zeitweise zum größten Grundbesitzer in der Region wurde. Somit war Barmbek zwar noch nicht offiziell hamburgisches Territorium, aber hamburgischer Besitz. Wandsbek wiederum, im Mittelalter auch ein holsteinisches Dorf, wurde 1524 zum Adelsgut und stand unter der Hoheit der Könige in Kopenhagen. Nach Dänemark waren es vom Dulsberg also nur ein paar Schritte.

Die Franzosen kamen im frühen 19. Jahrhundert ins Spiel, als Napoleons Truppen fast ganz Westeuropa eroberten – auch Hamburg. Die „Franzosentid", wie sie genannt wurde, dauerte von 1806 bis 1814. Und ab 1811 wurde Hamburg ganz offiziell dem Staat Frankreich einverleibt – auch Barmbek war nun eine französische

Gemeinde. Somit hatte Frankreich am heutigen Eulenkamp eine Grenze zum dänischen Wandsbek.

Aber das französische Departement an der Elbe war von kurzer Dauer: Als Napoleon 1815 endgültig besiegt wurde, war alles wieder wie zuvor. Und so gab es ein halbes Jahrhundert lang wieder Hamburg und Dänemark als Nachbarn. Bis Preußen und Österreich 1864 einen Krieg gegen Dänemark führten, weil König Christian IX. (1818-1906) den von Deutschen und Dänen bewohnten Landesteil Schleswig nun fest in sein Reich integrieren wollte. Die beiden Großmächte siegten gegen den

„Auf der einen Seite der Straße standen Hamburger und auf der anderen Seite Wandsbeker, also preußische Gaslaternen.“

nördlichen Nachbarn und teilten Schleswig-Holstein auf. „Und so kam es, dass der südliche Teil – Holstein – kurz unter österreichischer Verwaltung stand“, erläutert Norbert Stindt. Doch schon 1866 kam es zum Konflikt zwischen Preußen und Österreichern, die den Krieg und damit auch Holstein an Preußen verloren. Und somit grenzten nun Preußen und Hamburg direkt aneinander. Auch in Barmbek, das 1871 offiziell ein Hamburger Vorort und 1894 schließlich eingemeindet wurde. Aus dem „preußischen Ausland“ Wandsbek wurde dann, wie erwähnt, 1937 ein Hamburger Nachbarstadtteil. „Dulsberg, das lange Feldmark war und erst im 20. Jahrhundert planmäßig besiedelt wurde, erhielt seine Eigenständigkeit als Stadtteil erst nach dem Zweiten Weltkrieg“, sagt Stindt. Seitdem überschreitet man in der Mitte des Eulenkamps nur eine Stadtteil- und eine Bezirksgrenze. Die Wege nach Dänemark, Frankreich und Österreich sind deutlich länger geworden...

Sven Kummereincke

....

So geht's zu den Pflastersteinen:

Sie verlaufen in gerader Linie durch den Eulenkamp.

Dr. Christina Linger hält einen der Ringe in der Hand.
Der Löwe ist viele Jahrhunderte alt.

30

Löwenköpfe
Wächter von Vertragsabschlüssen

Die Tür der Hauptkirche St. Petri steht meistens offen. Und das nicht nur im übertragenen Sinne: Einer der beiden Flügel ist wirklich meistens geöffnet, sodass man die Knäufe, die sich an den Türen befinden, noch leichter übersieht. Dabei hätten die beiden Löwenköpfe, die je einen Ring im Maul halten, wirklich Beachtung verdient! Das findet auch die Vorsitzende des Hamburger Gästeführer Vereins e.V., Dr. Christina Linger, die sich schon lange mit den Löwen beschäftigt. „Sie sind allein schon deshalb von großer Bedeutung, weil es sich beim linken der beiden Löwen um den ältesten Kunstgegenstand Hamburgs handelt", betont sie. „Er ist im Jahr 1342 gestaltet worden, das kann man auch der lateinischen Inschrift entnehmen." 500 Jahre waren die Löwen alt, als die Kirche bei dem großen Stadtbrand 1842 zerstört wurde. „Und bei diesem Brand ist der rechte Löwe kaputtgegangen", sagt Christina Linger. Nur der Löwe auf der linken Seite überstand die Flammen. Sieben Jahre später, 1849, wurde dem Löwen ein neuer Partner gegeben, der ähnlich aussieht wie der alte. Die Inschrift, die sich als Kreis um den zweiten Löwenkopf zieht, kündet von dessen Schicksal und von dem der Kirche: *1842 Mai 7 durch Feuer zerstört + 1849 Mai 7 dem Herrn neu geweiht.*

Der Löwe hatte zwar wieder Gesellschaft bekommen – von seiner Bedeutung musste er im Laufe der Jahrhunderte allerdings einiges einbüßen: Nicht nur, dass er dadurch, dass die Tür meistens offensteht – was ja gut ist – seine Funktion als Türgriff nicht mehr wirklich erfüllt, nein, man fasst ihn auch nicht mehr an, um einen Vertrag zu bekräftigen. Christina Linger hat nämlich herausgefunden, dass im Mittelalter Immobilienverträge damit besiegelt wurden, dass beide Vertragspartner den Ring des Löwen berührten. „Und natürlich war immer noch ein Zeuge dabei." Die Verträge seien nicht unbedingt zusätzlich dokumentiert worden. „Es gibt ja in vielen Hansestädten die Tradition, Verträge per Handschlag zu schließen." Der Handschlag galt ebenso verbindlich wie ein Wort. Auch die heimische Presse hob die Ehrlichkeit der Hamburger bisweilen hervor. So stand 1801 in „Hamburg und Altona" zu lesen: „Ein solcher Handschlag ist hier so heilig, daß selbst diejenigen, die eben nicht zu der bessern Menschengattung gehören, sich selten einfallen lassen, einen dadurch gleichsam besiegelten Vertrag zu brechen oder den Abschluß desselben abzuleugnen." Wurde ein Vertrag dann noch durch den gemeinsamen Griff an den Ring des Löwen besiegelt, galt er als besonders verbindlich.

Vielleicht bringt es deshalb ja Glück, wenn man den Ring des Löwen vor einem wichtigen Vertragsabschluss berührt?

Eva-Maria Bast

So geht's zu den Löwenköpfen:

Diese sind als Türzieher am Hauptportal der Kirche St. Petri angebracht. Sie steht unweit des Rathauses an der Mönckebergstraße.

Wasserturm

Kühles Nass in luftiger Höhe

W ie malerisch! Mitten in einem Wohngebiet in Lokstedt erhebt sich ein prachtvoller Turm. Warum er da steht und was er für eine Geschichte hat, das kann Inga Marie Ramcke erzählen. „Ich bin 2011 von Altona nach Lokstedt gezogen, und da ist er mir gleich aufgefallen." Für sie war der Turm eine Überraschung, und das geht vielen Hamburgern so. „Manch einer, der sich hauptsächlich im Zentrum aufhält, hat ihn noch nie gesehen", ist sich die Stadtführerin sicher. Der eine oder andere Pendler mag sich allerdings dann und wann über den Turm gewundert haben: „Die Buslinie 5, das ist die meistbefahrene Linie in Hamburg, führt direkt am Turm vorbei. Als Pendler kann man ihn also zweimal am Tag sehen, einmal beim Reinfahren und einmal beim Rausfahren. Bestimmt hat sich schon manch einer gefragt, was es mit dem Turm eigentlich auf sich hat."

Als Inga Marie Ramcke nach Lokstedt zog, fragte sie sich jedenfalls genau das, begann zu recherchieren und fand heraus: „Das ist ein Wasserturm." Bis das Groß-Hamburg-Gesetz 1938 in Kraft trat, sei Lokstedt noch eine eigenständige Gemeinde gewesen. Um 1900 wuchs Hamburgs Bevölkerung sehr stark an, sodass es viele in Vororte wie Lokstedt zog. Eine zentrale Wasserversorgung musste her. „Man hat zunächst Brunnen angelegt und dann an der Pulvermühle ein Wasserwerk gebaut", erzählt Ramcke. „Der 50,25 Meter hohe Turm wurde 1910/11 errichtet." Der Wasserbehälter fasste 500 Kubikmeter, allerdings, erzählt Ramcke, diente er nur als Druckausgleich und als Notvorrat. Sollte nämlich der Wasserdruck der zentralen Zuleitung abfallen oder sogar unterbrochen werden, sorgt der Hochbehälter dafür, dass ausreichend Wasser zur Verfügung steht – auch in den oberen Etagen der Häuser. Er wirkt wie ein Ausgleichspuffer zwischen Wasserwerk und Verbrauchern. Im Turm führt eine mächtige Rohrleitung senkrecht nach oben bis in den Druckausgleichbehälter. Darüber

Inga Marie Ramcke präsentiert: der Lokstedter Wasserturm.

wurde je nach Bedarf Wasser in den Behälter gepumpt oder das Wasser floss in die Versorgungsleitungen als Druckausgleich oder Reserve zu den Verbrauchern. „1912 wurde dann auch noch Niendorf an das Wassernetz angeschlossen." Die Bevölkerungszahlen stiegen weiter, noch mehr Brunnen mussten gebaut werden. Als Niendorf und Lokstedt schließlich zusammengeschlossen wurden, errichtete man ein neues Wasserwerk. „Das war 1931, also noch vor dem Groß-Hamburg-Gesetz", erzählt Inga Marie Ramcke. Das Lokstedter Werk lief weiterhin – es überdauerte sogar den Zweiten Weltkrieg und wurde erst im Jahr 1946 stillgelegt. „Der Wasserturm war aber noch bis in die 1960er-Jahre in Betrieb und diente als Notspeicher. In den 1980er-Jahren wurde er zu einem Wohnhaus umgebaut", erzählt die Stadtführerin. „Weil er aber zu hoch für die Leitern der Feuerwehr war, stand die Umnutzung unter der Bedingung, dass etwas weiter unten eine Brüstung angebracht wird, auf die sich der Bewohner retten und die die Feuerwehr mit der Leiter erreichen kann."

So prachtvoll ist der Wasserturm.

Als der Wasserturm gebaut wurde, war es gerade mal rund 70 Jahre her, dass es in Hamburg hinsichtlich der Wasserversorgung einen großen Umbruch gegeben hatte: Die Zeiten, in denen Wasserträger nicht sonderlich sauberes Wasser aus der Alster schöpften und entweder auf der Straße verkauften oder für ihre Auftraggeber in deren Wohnhäuser schleppten, waren nun endgültig vorbei. 1842 beauftragte der Hamburger Senat den englischen Ingenieur William Lindley (1808-1900), sich über eine Trinkwasser- und Abwasserversorgung Gedanken zu machen. Im März 1843 legte Lindley einen Sielplan vor: eine Kanalisation mit mehreren Haupt- und Seitenarmen. 1844 beschlossen die „Erbgesessene Bürgerschaft" und der „Ehrenwerte Rath", eine „Stadtwasserkunst" einzurichten: Hamburg sollte mit

Elbwasser versorgt werden. Auch hier war Lindley wieder federführend dabei. Wie „Hamburgwasser" schreibt, habe er vorgeschlagen, „die Stammanlage drei Kilometer vor den Toren der Stadt in Rothenburgsort zu errichten, um ‚möglichst frisches Flusswasser' aus dem Oberlauf der Elbe zu erhalten, ‚bevor es mit den städtischen Unreinigkeiten vermengt wird'."

„Man hat zunächst Brunnen angelegt und dann an der Pulvermühle ein Wasserwerk gebaut."

Im Sommer und Herbst 1848 war es dann so weit: Die Wasserversorgung stand. Das war die „Geburtsstunde der Stadtwasserkunst Hamburger Wasserwerke", vermerkt „Hamburgwasser" zufrieden.

Ein weiterer Schritt auf dem Weg zu einer hygienischen Stadt war 1860 der Bau des „Grenzsiels" zu und mit Altona, in dem sich die Abwässer aus dem hamburgischen St. Pauli und Altona vereinten. 1854 war bereits das erste Hamburger Sielgesetz erlassen worden: Binnen zehn Jahren, nachdem ihre Straße ein Siel bekommen hatte, mussten die Anlieger ihr Haus daran anschließen.

Übrigens ist, wie Hamburgwasser berichtet, die Anlage „Stadtwasserkunst" mit ihrem Rohrnetz die älteste zentrale Wasserversorgung auf dem europäischen Kontinent. Darauf kann die Hansestadt stolz sein. Wie auf so vieles.

Eva-Maria Bast

So geht's zum Wasserturm:

Er steht im Hamburger Stadtteil Lokstedt in der Nähe des Lokstedter Steindamms und ist nicht zu übersehen.

Frank Tarnosky steht vor dem früheren Brunnen, der ein Denkmal für den Dichter Daniel Bartels ist. Die geigende Grille soll Melancholie und trübe Laune symbolisieren.

32
Vergessenes Denkmal
Der Mann, der Grillen verscheuchte

Die Wohnanlage ist nicht spektakulär. Gebaut in den 1920er-Jahren, ist sie typisch für die Zeit. Wer hier am Alten Teichweg in Barmbek durch den Torbogen in den begrünten Hinterhof geht, dem fällt aber sofort die kleine, zentral gelegene Stele aus Backsteinen auf. An allen vier Seiten ist eine aus Metall gearbeitete Grille zu sehen – und sie spielt auf einer Geige! „Das ist der Grillenscheucher", sagt Frank Tarnosky. „Während heute fast niemand mehr etwas damit anfangen kann, war er früher fast allen Hamburgern ein Begriff." Was hat es damit auf sich?

Einen Hinweis gibt das alte Schild, das an der Stele angebracht ist: *Daniel Bartels, dem Dichter des Grillenscheuchers* steht dort. Bartels ist gebürtiger Lübecker, 1818 kam er dort zwar zur Welt, zog aber schon mit sechs Jahren mit seinen Eltern nach Hamburg. „Er ging im Alter von 15 Jahren bei einem Maler in die Lehre, anschließend auf Wanderschaft und wurde, zurück in Hamburg, mit 30 Meister", erzählt

Tarnosky, der als Hobby-Historiker oft auf Streifzug in Hamburg unterwegs ist.

Im 19. Jahrhundert war das nicht ungewöhnlich: Der Malermeister wurde Bürochef bei einem Rechtsanwalt und Archivar der Vereinsbank. In seiner Freizeit aber war er Dichter – ein Hobby, dem damals viele Menschen nachgingen. Doch im Vergleich zu den meisten schrieb Bartels einen echten Bestseller: den „Grillenscheucher" eben.

Aber es waren nicht etwa Geschichten aus der Tierwelt, wie sie der in Ahrensburg geborene Waldemar Bonsels (1880-1952) schrieb, dessen „Biene Maja" ihn weltberühmt machte. Bartels verfasste heitere Gedichte, meist plattdeutsch, aber auch auf missingsch, jener so typisch hamburgischen Mischsprache, die niederdeutsche Grammatik mit Hochdeutsch mischt und allein schon dadurch heiter wirkt. „Der ist tot geblieben", hieß es früher, wenn jemand verstorben ist – ein klassisches Beispiel – im Niederdeutschen sagt man: He is dootbleven.

Doch was hat das alles mit Grillen zu tun? „Grille hat hier eine andere, heute vergessene Bedeutung", erläutert Frank Tarnosky. „Grillen stehen auch für trübe Gedanken und Trübsal – und die wollte Bartels mit seinen Gedichten verscheuchen." Das gelang ihm offenbar gut. Denn der Grillenscheucher verkaufte sich rund 100.000 Mal! Und so schuf Ludwig Kunstmann (1877-1961), in den 1920er-Jahren einer der bekanntesten Künstler Hamburgs, 1928 die Stele mit der geigenden Grille in Barmbek. Das Instrument gilt als melancholisch, deshalb hat sich Kunstmann wohl für diese Darstellung entschieden. Außerdem muss die Grille, um zu zirpen, ihre Flügel aneinander reiben, so wie ein Geigenbogen über die Saiten streicht.

Bartels' Ruhm lebte also weiter. Tarnosky berichtet, dass noch 1968 sich seine Verehrer am Denkmal in Barmbek trafen, um seinen 150. Geburtstag zu feiern. Und wer weiß: Vielleicht gibt es ja eine Renaissance und 2018, zum 200. Geburtstag, wieder eine kleine Feier?

Sven Kummereincke

So geht's zum vergessenen Denkmal:

Das Denkmal befindet sich im Alten Teichweg 7.

Waggon

Vom Acker zum Industriegebiet im Rekordtempo

Der Investor sollte zur Kasse gebeten werden: mit einer „Wertzuwachssteuer". Aber schreckt das nicht ab? Nein, heißt es in dem Papier. Und wenn doch, sei das von Vorteil. „Denn er zeigt damit, daß es ihm von vornherein nur darum zu tun ist, ein Riesengeschäft (…) zu machen, und daß er es auf eine Spekulation abgesehen hat, die nur auf hohe Gewinne abgestellt ist, daß sie ohne weiteres als ungesund, preistreibend und schädlich angesehen werden muß." Was sich liest wie eine Forderung der Linken, stammt aus Kaiser Wilhelms II. Zeiten. Es ist die Begründung der Gemeindevertretung Wilhelmsburg von 1910 zur Einführung der Steuer, um die „Schul- und Armenkosten" tragen zu können.

„Da hatte Wilhelmsburg zwei Jahrzehnte rasanten Bevölkerungswachstums und geballter Industrialisierung hinter sich", sagt Margret Markert, die in der Geschichtswerkstatt Wilhelmsburg/Hafen arbeitet. Sie steht vor einem alten Güterwaggon, der mit Graffiti übersät ist und wie ein Denkmal im Reiherstiegviertel steht. „Er ist ein Relikt der Industriebahn Wilhelmsburg." Und damit zugleich ein Überbleibsel der Industrialisierung eines zuvor verschlafenen Stadtteils. Markert erklärt: „Wilhelmsburg war eine kleine Landgemeinde, die im 19. Jahrhundert zum Königreich Hannover und ab 1866 zu Preußen gehörte." Doch mit der Schaffung des Hamburger Freihafens 1888 war es mit der Beschaulichkeit vorbei. „Der Hafen expandierte rasant, Wilhelmsburg wurde Spekulationsgebiet." Untrennbar verbunden ist diese Entwicklung mit den Brüdern Carl Hubert (1834-1897) und Johann Hermann Vering (1846-1922), Bauunternehmern und Erfindern aus Hannover. Sie kauften das Bauernland auf, deichten es ein und siedelten die ersten Betriebe an. Es begann 1889 mit der Hamburger Wollkämmerei am Reiherstieg, die ein Jahr später schon 1000 Mitarbeiter beschäftigte. In wenigen Jahren folgten Weizenmühle, Kokerei, Erdölwerke und chemische Industrie, Zinn-, Asbest- und Gummiwerke. Die

Margret Markert steht an dem alten Waggon, dem Überbleibsel der Industriebahn in Wilhelmsburg.

Behörden ließen den Verings freie Hand – von extra Steuern war da noch keine Rede! „Schnell gab es aber gewaltige Umweltprobleme. Die toxischen Abgase ließen die Alleebäume absterben und die Abwässer verwandelten Bäche und Kanäle in Giftbrühen", schildert Markert.

Auch die soziale Lage war trostlos. Der Wohnungsbau hielt nicht Schritt mit der Entwicklung, und die oft aus Polen angeworbenen Arbeiter hausten extrem beengt in feuchten Zimmern. Sogar die übergeordneten Behörden in Lüneburg bezeichneten die Wohnverhältnisse als „katastrophal". Erst langsam konnte für die Bevölkerung, deren Zahl sich von 1890 bis 1910 auf 28.000 mehr als verdreifacht hatte, die nötige Infrastruktur geschaffen werden. Dazu trugen Baugenossenschaften viel bei, aber auch die großen Betriebe bauten schließlich Wohnungen für ihre Arbeiter (siehe Geheimnis 18).

„Die toxischen Abgase ließen die Alleebäume absterben und die Abwässer verwandelten Bäche und Kanäle in Giftbrühen."

Dass Wilhelmsburg – seit 1903 offiziell eine Stadt – „Rot" wurde, kann angesichts der Situation kaum verwundern. SPD und Gewerkschaften, später auch die KPD, hatten hier eine ihrer größten Hochburgen. Das „Volksblatt Harburg-Wilhelmsburg" berichtet am 25. Juni 1903 von einem „brausenden Hoch auf die Sozialdemokratie" bei einer Veranstaltung in der Gaststätte Sievert am Vogelhüttendeich. Da war die berühmteste Politikerin Deutschlands zu Gast: Rosa Luxemburg (1871-1919). Links ist der Stadtteil geblieben. 1932, bei der letzten freien Wahl der Weimarer Republik, als die NSDAP längst stärkste Partei im Land war, kamen die „Roten" hier auf 58 Prozent. Und auch in der Bundesrepublik erhielt die SPD hier bis heute immer die meisten Stimmen. Auch ohne „Wertzuwachssteuer", die es im Gegensatz zu Spekulanten heute nicht mehr gibt.

Sven Kummereincke

So geht's zum Waggon:

Er steht an der Industriestraße vor dem Kulturzentrum Honigfabrik.

Nicola Janocha betrachtet den Gedenkstein für Freddie Mercury.

34

Freddie-Mercury-Stein
Großer Name mit trauriger Geschichte

W as hat Freddie Mercury mit Hamburg zu tun? Das fragte sich Nicola Janocha, als sie vor der Dreieinigkeitskirche in St. Georg seinen Namen in einen Pflasterstein eingehauen fand. Bei genauerem Hinsehen entdeckte die Stadtführerin, dass der Name des verstorbenen Sängers der Rock-Band „Queen" nicht der einzige ist. Er ist umgeben von weiteren. *Franz, Liane Richter, Horst Schreier* und viele andre finden sich hier, jeweils in einen Pflasterstein gemeißelt – und gemeinsam ergeben sie ein Kreuz. Nicola Janocha begann zu recherchieren und entdeckte, dass der Stein für *Freddie Mercury* (1946-1991) Teil einer Gedenkstätte ist, die an Menschen erinnern soll, die an AIDS gestorben sind – wie Freddie Mercury.

Die Idee zu der Installation stammt vom Berliner Künstler Tom Fecht. Die erste Präsentation dieser Art fand in Kooperation mit der Deutschen AIDS-Stiftung 1992 anlässlich der documenta IX in Kassel statt. Seitdem wurden in öffentlichen Gebäuden, auf Plätzen und Straßen unter dem Titel „Denkraum: Namen und Steine" in über 26 Städten in Deutschland und im europäischen Ausland Gedenkinstallationen mit mehr als 2300 Namenssteinen realisiert. So auch in Hamburg, wo diese Steine seit 1994 zu finden sind. Sie wurden kurz vor dem Welt-AIDS-Tag, also vor dem 1. Dezember, verlegt – rund 50 Namen finden sich in dieser Installation, zu der insgesamt aber weit mehr als nur 50 Steine gehören. „Nicht alle Steine sind beschriftet", erklärt Nicola Janocha. Die Unbeschrifteten sollen für all diejenigen stehen, die an der Immunkrankheit starben, ohne dass man ihrer gedachte. Das Gesamtprojekt war auf einen Zeitraum von acht Jahren angelegt und dauerte deshalb bis ins Jahr 2000. Doch immer noch können über die lokalen AIDS-Beratungsstellen, die die 26 Installationen betreuen, Steine für Menschen bestellt werden, die an AIDS starben. Und wenn die Anonymität gewahrt werden soll, ist es auch möglich, nur den Vornamen einzumeißeln.

Um den Stein für den „Queen"- Sänger finden sich noch viele weitere mit Namen versehene Pflastersteine.

Dass sich die Installation vor der Dreieinigkeitskirche befindet, komme nicht von Ungefähr, sagt Nicola Janocha. „Die Dreieinigkeitskirche war so ziemlich die erste in Hamburg, die in den 1980er-Jahren Gottesdienste abgehalten hat für Menschen, die an AIDS erkrankt sind, und für ihre Angehörigen." Und in den 80er-Jahren hatte das noch eine größere Bedeutung als heute: Damals war die Krankheit gerade entdeckt worden, galt als Todesurteil, man mied Menschen, die sich infiziert hatten. Sich anzustecken war für viele das schlimmste vorstellbare Ereignis. Und die Sorge, man könne sich sogar infizieren, wenn man sich nur im gleichen Raum mit jemanden befindet, der HIV-positiv ist oder bei dem die Krankheit AIDS bereits ausgebrochen ist, war weit verbreitet.

Auch heute noch sind Menschen, die sich mit HIV infiziert haben oder an AIDS erkrankt sind, stigmatisiert. Zwar ist lange schon bekannt, dass die Krankheit eben nicht durch Händedruck oder Tröpfcheninfektion übertragen wird, aber, erzählt ein Mann, der HIV positiv ist, dennoch sei man ein Ausgestoßener. Er wurde von seiner eigenen Familie – seinen Eltern und Geschwistern – zum Schweigen verdonnert. Wenn er seinen Namen im Zusammenhang mit der Krankheit bekannt mache, werde man ihn enterben und ihm die Tür im gemeinsamen Haus weisen. Der Mann hat davor Angst, es geht ihm schlecht, er braucht die Unterstützung seiner Familie. Also schweigt er. Auch eine Frau, die an der Krankheit leidet, hält das geheim, möchte ihren Namen nicht nennen. Die knapp Sechzigjährige hat sich bei ihrem Mann angesteckt, der sich infizierte, als er fremdging. Mehr als zehn Jahre ist das her, die Frau hat ihre Situation gut im Griff, die Medikamente, die sie bekommt, verhindern, dass AIDS ausbricht. Man sieht der vital wirkenden, hübschen Frau nicht an, dass sie das HI-Virus in sich trägt. Allein, öffentlich machen würde sie es nie. Sie ist sicher, man würde sich von ihr abwenden.

„In den 1980er-Jahren war das noch viel schlimmer“, sagt Nicola Janocha. „Und daher war es schon etwas Besonderes, dass in St. Georg spezielle Gottesdienste für Betroffene stattfanden. Diese Tradition wird bis heute fortgeführt.“

Und Freddie Mercury? „Der starb natürlich keineswegs in Hamburg, aber er ist eben ein besonders bekanntes Opfer der Krankheit, deshalb wurde auch für ihn ein solcher Stein verlegt“, sagt Nicola Janocha. „Das ist die Intention dieses Denkmals: an die bekannten AIDS-Opfer ebenso zu erinnern wie an die unbekannten – die namenlosen und anonymen. Deswegen hat jeder einzelne Stein eine besondere Bedeutung. Gerade auch diejenigen, die keine Inschrift tragen.“

Eva-Maria Bast

So geht's zum Freddie-Mercury-Stein:

Er befindet sich vor der Dreieinigkeitskirche in St. Georg, St. Georgs Kirchhof 19.

35

Treppen

Ochsentour über die Elbe

„Treppen", sagt Anneliese Kuck, „spielen eine ungeheure Rolle in Blankenese." Wovon sich jeder überzeugen kann, der den Hamburger Stadtteil besucht. Überall in den engen Gässchen und Sträßchen zweigen Treppen ab, die hinunter zur Elbe führen und an denen sich prachtvolle Villen, gediegene Jugendstil- und ehemalige Fischer- und Lotsenhäuser aneinanderreihen. Sie alle sind nach dem Prinzip der „Blankeneser Barmherzigkeit" gebaut, also so, dass dem Nachbarn der Blick auf die Elbe gewährt bleibt. „Wenn man alle Treppenanlagen zusammenzählt, 55 an der Zahl, kommt man auf etwa 4800 Stufen", betont sie. Die Schlesierin, die 1945 als Heimatvertriebene nach Hamburg kam und hier eine *neue* Heimat gefunden hat, liebt Blankenese und hat sich ausgiebig mit seiner Geschichte befasst. Zum Beispiel hat sie sich immer gefragt, woher das Restaurant Fährhaus Sagebiel eigentlich seinen Namen hat. Dabei stieß sie auf eine spannende Geschichte – die auch wieder mit Treppen zusammenhängt. Anneliese Kuck fand nämlich heraus, dass die „Grube"-Treppe ein Ochsenweg war, auf dem die Vieh-Händler ihre Herden hinunter zur Elbe trieben. Die Grube war Blankeneses älteste „Straße" und für den Ochsentransport die wichtigste Verbindung zwischen Dänemark und den Niederlanden – was man daran erkennen könne, dass sich neben der Treppe noch immer ein schmaler, gepflasterter Weg hinaufzieht. „Es war allerdings damals ein Sandweg", erzählt Anneliese Kuck, „die Treppenstufen gab es noch nicht."

Die Ochsen seien auf der historischen Handelsroute auf dem Landweg von Dänemark nach Hamburg gekommen. „Die armen Tiere sind täglich bis zu 40 Kilometer Richtung Süden getrieben worden", berichtet Anneliese Kuck mitfühlend. „Die Männer, die sie begleitet haben, übernachteten manchmal im Fährhaus, das heute ein Restaurant ist. Die Aufgabe der Fährleute war es, die Ochsen auf die andere Seite der Elbe zu bringen, das sind etwa drei Kilometer.

Anneliese Kuck weiß: Früher war Blankenese durchaus ländlich geprägt. Diese Treppe erinnert daran.

Auf diesem Weg wurden einst Ochsen zum Ufer getrieben. Treppenstufen gab es damals aber natürlich noch nicht.

Zum Übersetzen der Ochsen benutzte man Prähme, das sind flache, rechteckige Fahrzeuge von 20 Metern Länge und fünf Metern Breite. Zur Bedienung eines Prahms waren acht Mann nötig. Und diese Männer waren manchmal nicht gerade zimperlich. So klagte ein Händler 1609: „auß lauterm Fravel undt Mutwillen, auch dieselbigen (Ochen) altzu frue und zeitlich außgesetzes, das also alle 48 Ochsen (…) von dem Wasser wegkgetrieben undt erseufen worden." 1497, hat Anneliese Kuck recherchiert, wurden in vier Wochen 8000 Ochsen übergesetzt. Auch Passagiere wollten manchmal hinüber: „Wenn sie auf der anderen Seite standen, haben sie sich durch Winken bemerkbar gemacht, was man vom Fährhaus aus sehen konnte." Manchmal, so sei es überliefert, wurden die Fahrgäste veranlasst, beim Rudern zu helfen, weil die Fährleute ihre Kräfte gut einteilen mussten, denn sie brauchten „Kraftreserven für die Rückfahrt – ist das nicht köstlich?", erzählt sie begeistert.

Blankenese war erst Teil der schauenburgischen Grafschaft Holstein-Pinneberg, anschließend gehörte es zum Herzogtum Holstein, das ab 1460 von den dänischen Königen verwaltet wurde. Vor dem Deutsch-Dänischen Krieg 1864 war Blankenese dänisch, dann kurz österreichisch und schließlich preußisch. Österreichisch wurde es, weil Österreich neben Preußen eine der Siegermächte war, und preußisch wurde es 1866, als die Preußen die Österreicher vertrieben.

Dänisch, österreichisch oder preußisch: Die Ochsen dürfte es wenig interessiert haben, unter wessen Herrschaft sie ihren Ochsenweg gehen mussten. Ideal seien die Wege für die Tiere freilich nicht gewesen, kommentiert Anneliese Kuck. „Im Winter sind sie manchmal ausgerutscht, und dann musste man sie notschlachten." Wenn die Ochsen aber doch heil unten angekommen waren, ging es nicht gerade komfortabel für sie weiter. „Sie müssen sich das mal vorstellen, es gab keine befestigte Anlegestelle und die Prähme, vergleichbar mit einem Floß, hatte keine Barrieren, keine Geländer. Die Viehhirten, die jungen und die alten, hatten alle Hände voll zu tun, darauf zu achten, dass die Tiere nicht ins Wasser fielen. Waren sie am anderen Ufer angekommen, wurden sie weitergetrieben und zum Verkauf angeboten", berichtet Anneliese Kuck. „Es gab Ochsenmärkte, auf die sie gebracht wurden."

Bis 1731 habe man die Ochsen so transportiert, mit zunehmendem Brückenbau habe es dann aber bequemere Wege gegeben, die Tiere auf die andere Seite der Elbe zu bringen. „Damals wurde dann auch aus dem Ochsenweg eine Treppe – oder zumindest aus einem großen Teil davon", sagt Kuck. „Die ,Grube' war von Sturzbächen vollkommen ausgewaschen

„Im Winter sind sie manchmal ausgerutscht, und dann musste man sie notschlachten."

und man baute eine hölzerne Treppe. 1766 wurde sie, weil sie morsch wurde, durch eine steinerne ersetzt." Und diese eilen jetzt unzählige Touristen hinauf und hinab.

Man kann nur sagen, so malerisch Blankenese auch ist: Für den, der nicht gut in Form ist, ist das Emporsteigen – vor allem bei Hitze – eine wahre Ochsentour!

Eva-Maria Bast

....

So geht's zu den Treppen:

Der Treppenweg „Grube" verbindet den Strandweg mit der Blankeneser Hauptstraße.

Die Poppenbütteler Schleuse war mal Teil eines gewagten Kanalprojekts.

36
Schleuse
Hamburgs größte Pleite

Wer als Erster kam, musste warten. Vielleicht nur ein paar Stunden, vielleicht auch einen ganzen Tag. Also machten die Ankommenden ihr Schiff am Ufer fest, versorgten die Pferde und hofften, dass sie bald zu fünft sein würden. Denn da war der Schleusenwärter unerbittlich. „Wenigstens fünf Schiffe" müssen beisammen sein, so legt es die Verordnung des Hamburger Senats fest, sonst darf die Poppenbütteler Schleuse nicht geöffnet werden. Und so war der malerische Ort, heute ein „Hot Spot" für Jogger und Spaziergänger, jahrhundertelang ein Sammelplatz für die „Alster-böcke", jene rund 20 Meter langen Lastkähne mit nicht einmal einem Meter Tiefgang, die von Pferden und Menschen per Seil vom Uferweg aus gezogen wurden. „Treideln" nannte man das. Waren endlich fünf oder mehr Kähne beisammen, durfte der Wärter die Schleuse öffnen – und die Schiffe konnten ihren Weg nach Hamburg fortsetzen. Natürlich erst, nachdem die Gebühr bezahlt war.

Die Poppenbütteler Schleuse gibt es noch heute. Der ursprünglich hölzerne Bau ist im Laufe der Jahrhunderte mehrfach erneuert worden und schon seit Langem nur mehr ein Wehr zur Wasserregulierung. Bis ins 19. Jahrhundert aber war die Alster auch eine wirtschaftliche Lebensader der Stadt. Doch obwohl das Bauwerk so lange in Betrieb war, steht die 1528/29 erbaute Schleuse in Poppenbüttel auch für eine gewaltige Fehlinvestition. Übertragen auf die Moderne wäre es ein Milliarden-Desaster. Denn die Regulierung des kleinen Flusses war Teil eines viel größeren Plans: des Alster-Beste-Kanals, der im 15. Jahrhundert eine direkte Wasserverbindung zwischen den mächtigen Hansestädten Hamburg und Lübeck herstellen sollte.

Um 1400 hatte das Städtebündnis seinen Zenit erreicht: Die Hanse beherrschte den Ostseehandel, hatte die dänischen Könige in mehreren Kriegen besiegt – 1435 musste sich Erik VII. (1382-1459) geschlagen geben. Doch dann ging es langsam bergab. Antwerpen wurde ein mächtiger Konkurrent, ein Krieg mit den Niederländern ging 1441 verloren. Die Sieger verbündeten sich mit Dänemark, das nun stark genug war, den Sundzoll durchzusetzen. Und so musste jeder Kapitän, der um Jütland herum von der Ost- in die Nordsee (und nach Hamburg) fahren wollte, kräftig zahlen. Der Warenverkehr zwischen den so nahe beieinanderliegenden Städten Lübeck und Hamburg wurde also sehr teuer. Natürlich gab es die kurze Landverbindung, doch der Transport von Waren auf Pferdefuhrwerken war ebenso lang- und mühsam wie teuer. So entstand die Idee, einen Kanal zu bauen.

Der Unterlauf der Alster war schon lange schiffbar, genau wie die durch Lübeck fließende Trave und die Beste, die in die Trave mündet. Zunächst musste die Oberalster ausgebaut werden, dann würde ein nur acht Kilometer langer Kanal zwischen den Orten Stegen und Sülfeld genügen, um die Wasserverbindung herzustellen. 1448 begannen die Bauarbeiten, nachdem Verträge mit Lübeck und Adolf VIII. von Holstein (1401-1459) geschlossen worden waren. In Fuhlsbüttel, Wulksfelde und Wohldorf wurden Schleusen gebaut und der Fluss kanalisiert – doch dann ging 1452 das Geld aus.

74 Jahre vergingen, bis das Projekt wieder aufgenommen wurde. Nun folgten die Schleusen in Mellingburg und Poppenbüttel – und der eigentliche Kanal durch das Nienwohlder Moor. Das gewaltige Infrastrukturprojekt war diesmal besser vorbereitet. Die Bauherren waren zum bereits im Jahr 1398 fertiggestellten Stecknitzkanal gereist, um die Bauweise zu studieren. Dieser Kanal verband die Elbe mit Lübeck und diente vor allem dem Salztransport aus Lüneburg – Lübecks Bedarf war gewaltig, weil Millionen Tonnen Hering gepökelt und verkauft wurden. Als Verbindung nach Hamburg war der Kanal aber ungeeignet, weil es unmöglich war, an dem mächtigen Strom flussaufwärts zu treideln. Auch in den Niederlanden, das damals technisch am weitesten entwickelte Land Europas, holte man sich Rat und warb Facharbeiter an.

Bis zu 700 Schiffe pro Jahr passierten früher die Poppenbütteler Schleuse.

Das Alstertal und das Nienwohlder Moor wurden zur Großbaustelle. Schleusen- und Brückenbau sowie das Anlegen der Treidel- und Leinpfade verschlangen Unsummen. „Desulve heft grot gelt gekostet" – das hat viel Geld gekostet –, heißt es in einer Hamburger Chronik von 1530. Doch das Projekt schien von Erfolg gekrönt: Am 22. August 1529 machten sich die ersten vier Schiffe in Lübeck auf – und erreichten nach sieben Tagen Hamburg. 91 Kilometer Strecke hatten sie zurückgelegt und 23 Schleusen überwunden.

Allerdings häuften sich bald die Schwierigkeiten: Vor allem auf dem Scheitel der Strecke zwischen Nienwohld und Sülfeld (an der heutigen Grenze zwischen den Landkreisen Stormarn und Segeberg) herrschte oft Wassermangel und die Schuten hingen fest. Dann wieder gab es zu viel Wasser, es bildeten sich Stauseen und die Äcker wurden überflutet – was die Grundherren auf den Plan rief. Der Borsteler Marquard von Buchwald wurde zum Saboteur und ließ Baumstämme über den Kanal legen, um den Verkehr zu blockieren. Einer der Schleusenwärter soll sogar erschlagen worden sein. Ohnehin erwiesen sich die Schleusenanlagen als sehr störanfällig – und die Reparaturen waren teuer. Nach 21 Jahren voller Probleme wurde der Verkehr schließlich eingestellt.

Doch nicht alle Investitionen waren verloren, denn der ausgebaute Alsterlauf war noch bis ins 19. Jahrhundert eine wichtige Verkehrsader. Vor allem Bau- und Brennmaterial sowie Getreide wurden in die im 16. Jahrhundert stark wachsende Stadt transportiert. *„Desulve heft grot gelt gekostet."* Auch auf Hamburger Gebiet (der Alsterlauf und alle Rechte gehörten der Stadt, das umliegende Land blieb bei Holstein) verlief der Schiffsverkehr nicht konfliktfrei. Das lag an der Konstruktion der Schleusen, die eigentlich Wehre waren: Wurden sie geöffnet, fuhren die Schiffe auf der Flutwelle flussabwärts. Dabei war der Wasserverlust gewaltig – und oft wurde das Land überschwemmt, was die Bauern in Rage brachte. Zwar war das Schleusen zur Erntezeit verboten, dennoch war die Empörung oft groß. Um die Schäden zu begrenzen, wurden die Mellingburger und die Poppenbütteler zu „Beckenschleusen" erweitert, indem ein Stück flussabwärts ein zweites Wehr gebaut wurde. Erhalten sind sie nicht mehr, denn mit der Industrialisierung und dem Bau der Eisenbahnen verlor die Alster als Schifffahrtsverbindung ihre Bedeutung. Waren im 17. Jahrhundert noch bis zu 700 Alsterböcke pro Jahr gezählt worden, passierten 1898 nur noch vier Schiffe die Schleusen. Da war seit drei Jahren ein anderer, sehr viel größerer Kanal in Betrieb: der Nord-Ostsee-Kanal, der noch heute die meistbefahrene künstliche Wasserstraße der Welt ist.

Sven Kummereincke

....

So geht's zur Schleuse:

Den Ring 3 stadtauswärts und dann links in die Straße Marienhof fahren.

FRITZ HOEGER
1877 - 1949

VOM ARCHITEKTEN FRITZ HOEGER ALS
VERLAGSHAUS BROSCHEK FUER DAS
HAMBURGER FREMDENBLATT
1926 IN TEILEN BEGONNEN UND VON DEN
ARCHITEKTEN V. GERKAN, MARG + PARTNER
IM AUFTRAG
DER ALLIANZ LEBENSVERSICHERUNGS - AG
1981 BAULICH ERGAENZT

37

Kleiner Mann

Großartige Häuser und Breaking News

H ier ist er so klein, obwohl er doch so große Dinge schuf: In
der Nische einer Ecksäule des Renaissancehotels sitzt ein
winziger Mann aus Bronze und blickt nachdenklich die
Straße hinab. Das Werkzeug, das er in der Hand hält, hat er
gesenkt, als müsse er über etwas nachsinnen oder als habe ihm gerade
jemand etwas zugerufen.

Allzu oft wird es allerdings nicht vorkommen, dass man ihm etwas
zuruft oder gar vor ihm stehen bleibt, um ihn zu betrachten. Schlichtweg deshalb, weil er so unauffällig ist: „Den habe ich ja noch nie gesehen, dabei arbeite ich seit 25 Jahren in der Nähe und komme jeden Tag
hier vorbei!", ruft eine Frau, als wir sie auf die kleine Figur ansprechen.
Sibylle Hugo hat sie hingegen schon häufig bemerkt. „Das ist Fritz
Höger", stellt sie den kleinen Mann vor, „bei dieser Bronzefigur handelt
es sich um das kleinste Denkmal Hamburgs."

Der Hamburger Architekt – er darf sich jedoch aufgrund eines
fehlenden Hochschulstudiums streng genommen nicht so nennen und
bezeichnet sich deshalb selbst als Baumeister – Fritz Höger erblickt am
12. Juni 1877 in Bekenreihe bei Elmshorn das Licht der Welt. Wie sein
Vater wird er Zimmermann. „Anschließend hat er die Baugewerbe-
schule in Hamburg besucht und 1899 seinen Meister gemacht", erzählt
Sibylle Hugo. 1907 eröffnet er ein eigenes Architekturbüro, in den
Bund Deutscher Architekten wird er aber nie aufgenommen – eben
weil er keine Universität besucht hat. Wobei: „Er hat in Berlin am
Polytechnikum Vorlesungen gehört. Aber er hat sein Studium nie
beendet", sagt Sibylle Hugo. Hochschulbildung oder nicht: Der Bau
meister Fritz Höger hat Erfolg, plant zahlreiche Privathäuser, und
bevor der Erste Weltkrieg ausbricht, baut er Kontorhäuser in der Mönckebergstraße. Im Ersten Weltkrieg kämpft er als Soldat, anschließend
nimmt er seine Arbeit wieder auf – und nun gelingt ihm der Durch-
bruch: Fritz Höger baut in den Jahren 1922 bis 1924 das berühmte

Großer Architekt als Miniatur.

Chilehaus aus Bockhorner Klinker. „Er hat eigentlich nie das Bedürf-
nis gehabt, einen eigenen Baustil zu entwickeln, aber immer auf
Klinken geschworen", charakterisiert Sibylle Hugo Högers Vorliebe.
„Er fand, dass das zu Hamburg passt und zu der Kultur des Kaufmanns.
Er verband mit diesem Stein Ehrlichkeit und Ordnung, und das wollte
er auch immer darstellen in der straffen Gliederung seiner Bauwerke."
Beim Chilehaus entstehen aus den Klinkern auch Verzierungen. So
habe er dann doch einen unverkennbaren Stil geschaffen. „Die Back-
steinmuster erinnern mich immer an Strickmuster", sagt Sibylle Hugo
lachend.

Nicht nur für die großen, auch für die kleinen Leute habe Fritz
Höger viel getan: „Fabrikhallen, kleine Siedlungen – er hat enorm viel
gebaut", erzählt die Stadtführerin. Aber er hat auch eine andere Seite:
Als die Nationalsozialisten 1933 an die Macht kommen, ist er bereits
Parteimitglied. „Er tat dies wohl aus
beruflichen Gründen und erhoffte
sich Aufträge, doch die blieben aus."
Auch nach dem Zweiten Weltkrieg
kann er keine Erfolge für sich verbu-
chen. Er heiratet erneut und stirbt am
21. Juni 1949 in Bad Segeberg.

*Sibylle Hugo weiß, wer dieser kleine
Mann ist.*

Und wie kam er an dieses Eck, in Form
einer Bronzefigur, dargestellt als Zimmermann? „Das Gebäude war früher
das Verlagshaus Broschek", blickt
Sibylle Hugo zurück. Fritz Höger
begann Mitte der 1920er-Jahre mit
dem Bau. Heute ist das Verlagshaus
ein Hotel. Die Gäste, die dort frühstücken, können dabei wunderbar nach-
lesen, in welch historischen Hallen sie speisen: Das Hotel hat die
Geschichte des Hauses nämlich mit der Überschrift „Hamburger
Fremden Blatt" auf ein großes Blatt Papier drucken lassen. Das liegt
als Platzset unter jedem Gedeck – man hat den Eindruck, auf einer
Zeitung zu speisen. Der interessierte Leser erfährt nun, dass Fritz
Höger seine Pläne aus Zeitmangel nur teilweise umsetzen konnte und

„wesentliche Elemente wie ein Stufengiebel und ein Presseturm" nicht verwirklicht wurden. „1981 bauten die Architekten von Gerkan, Marg und Partner (gmp) das Verlagshaus zum Hotel um und ergänzten dabei die bis dahin fehlende Gebäudeecke im Sinne Högers mit authentischen Formen und Materialien", erfährt der Frühstückende.

Auch die Zeitungsgeschichte wird ihm kundgetan. Verleger Albert Broschek habe 1907 das seit Hundert Jahren bestehende Hamburger Fremdenblatt übernommen, bei dem es sich um „die führende Zeitung der Stadt" gehandelt habe. „Innerhalb kürzester Zeit vervielfachte er die Auflage des angesehenen liberalen Blatts, das aus

> *„Bei der Bronzefigur handelt es sich um das kleinste Denkmal Hamburgs."*

der 1828 gegründeten ‚Fremdenliste' hervorgegangen war, und brachte die Druckerei mit schnellen Rotations- und Setzmaschinen auf den neuesten Stand der Technik." Albert Broscheks Sohn Kurt habe den Betrieb dann weitergeführt. „1936 wurde die Familie Broschek durch das nationalsozialistische Regime enteignet, 1952 erhielt sie ihre Gesellschaftsanteile zurück. Der Name blieb zwar bestehen, aber die Hamburger Presselandschaft hatte sich verändert", in den Augen der britischen Besatzungsmacht war das „Fremdenblatt" jedoch „nicht lizenzfähig". Es existierte fortan nicht mehr. „Dennoch entstanden hier bis weit in die 1970er-Jahre mitten in der City in großen Auflagen Druckerzeugnisse aller Art", steht auf dem Tischset.

Heute frühstücken also Hotelgäste in der ehemaligen Druckerei, und draußen am Eck sitzt ein zufriedener Fritz Höger in Miniatur und blickt die Straße entlang. Dem Mann, der so viele große Häuser baute, hat man das kleinste Denkmal Hamburgs geschaffen.

Eva-Maria Bast

....

So geht's zum kleinen Mann:

Er sitzt am Eckpfeiler des Renaissance-Hotels an der Ecke Große Bleichen/Heuberg.

38

Papstgrab-Grafik

„... kann kein italisch Herz warm werden ...“

*E*s ist ein ganz besonderes Stück, das da im Mariendom hängt: die Grafik einer päpstlichen Grabplatte. Sie erinnert an einen Papst, der im 10. Jahrhundert aus Rom verjagt und nach Hamburg verbannt wurde. Es war Benedikt V. (gest. 965). Sein tragischer persönlicher Lebenslauf hat eine ereignisreiche Vorgeschichte. „Es beginnt eigentlich damit, dass der deutsche König Otto, ein Sachse, unbedingt Kaiser werden wollte“, erzählt Monsignore Schmidt-Eppendorf. Kein Wunder, dass er nach diesem Amt strebte, denn „römischer Kaiser zu sein, das bedeutete Schutzherrschaft über die weltumspannende christliche Kirche, Verpflichtung und Macht“. Doch verleihen konnte diese Würde nur einer: der Papst. Und das war in jener Zeit der sehr junge Johannes XII. (937 oder 939-964), der mit kaum achtzehn Jahren gewählt worden war! „Er wurde von König Berengar bedroht, der versuchte, die Macht der Kirche zu schmälern und ihren Besitz in seine Hand zu bringen“, erklärt der Geistliche, „deshalb rief er den König zu Hilfe.“ Otto eilte sogleich über die Alpen, um sich Berengar II. (900-966), Markgraf von Ivrea und König von Italien, entgegenzustellen, sollte sein Lohn doch die Kaiserkrone sein. Im Januar 962 wird Otto I., später Otto der Große genannt, gekrönt.

Was in den folgenden Jahren geschah, lässt sich höchst unterschiedlich erzählen. Die Autoren, deren Zeugnisse überliefert sind, waren sehr parteiisch und stellten die Ereignisse entsprechend dar. Es war auch eine Propaganda-Schlacht.

„Kaum war das Kaiserpaar mit seinem Gefolge wieder gen Norden gezogen, da erfüllten wilde Gerüchte die Stadt: Der Kaiser richte ein germanisches Regiment in Italien auf, er unterdrücke die Leute mit Lasten und Steuern, behalte die von Berengar zurückeroberten Gebiete zu Eigen, anstatt sie dem Papst zurückzugeben, und vieles

Monsignore Peter Schmidt-Eppendorf kennt die
wechselvolle Geschichte hinter dieser Grafik.

andere mehr", beschreibt Schmidt-Eppendorf die eine Seite. Daraufhin habe sich Papst Johannes XII. mit seinem eigentlichen „Todfeinde Berengar" verbündet, um gemeinsam mit ihm den Kaiser anzugreifen. In der Folge lässt der Kaiser sein Heer Richtung Rom ziehen, aus dem der Papst heimlich flieht. Otto besiegt Rom und beruft eine Synode ein. „Aber", sagt Schmidt-Eppendorf, „in dem ganzen Verfahren findet sich kaum eine Spur rechtmäßigen Vorgehens. Es ging dem Kaiser darum, diesen Papst moralisch zu vernichten, ihn für den Stuhl Petri unmöglich zu machen." Moralisch angreifbar war der mit 18, manche Quellen meinen sogar 16 (!) Jahren zum Papst gewählte Spross des Grafen von Spoleto allerdings durchaus. Weder konnte er Latein noch besaß er irgendeine theologische Ausbildung. Seine Gegner behaupteten sogar, er habe beim Würfelspiel heidnische Götter angerufen. Und bei seiner Flucht aus Rom nahm er vorsichtshalber den Kirchenschatz gleich mit.

Mit Leo VIII. (gest. 965) setzt Otto einen neuen Papst ein, der jedoch nach Ottos Abzug von den Römern vertrieben wird, die danach den von Otto verjagten Papst zurückholen. Dieser erklärt auf einer neuen Synode die kaiserliche Synode für ungültig und untersagt Leo bei Strafe der Exkommunikation die Ausübung seines Amts. „Jene Bischöfe, die es gewagt hatten, ihn zu weihen, wurden schwer gestraft. Dem einen wurde die rechte Hand abgeschlagen, der andere an Nase und Zunge verstümmelt",

„Er drohte allen mit Exkommunikation und Bann, die es wagen würden, gegen ihn und gegen die Stadt mit Waffengewalt vorzugehen."

schildert Msgr. Schmidt-Eppendorf die schrecklichen Ereignisse. Und dann segnet Papst Johannes am 7. Mai 964 mit nur 27 Jahren das Zeitliche. „Die Römer besannen sich nun auf ihr uraltes Recht der Papstwahl." Und entscheiden sich für den „allgemein geachteten, ehrsamen und gelehrten Erzdiakon des Heiligen Palastes, Benedikt". Doch der Kaiser, berichtet Schmidt-Eppendorf, habe sich geweigert, Benedikt anzuerkennen, und habe auf dem von ihm eingesetzten Leo beharrt. Schließlich haben sowohl Papst Johannes als auch die Römer einen Eid geleistet, keinen Papst ohne die Zustimmung Kaiser Ottos zu wählen.

Trotzdem schreiten die Römer zur Wahl. „Sie wählten zu ihrem rechtmäßigen Bischof, dem aufgezwungenen Leo zum Trotz, den Erzdiakon Benedikt, der als fünfter dieses Namens in der Reihe der Päpste gezählt wird", erzählt Schmidt-Eppendorf. Daraufhin sei der Kaiser wutentbrannt erneut gegen Rom gezogen. „Er ließ die Stadt umzingeln und belagern, sodass niemand hinaus noch hinein konnte. Benedikt machte einen verzweifelten Versuch, das Kriegsgeschehen abzuwenden: Er stieg, so berichten es kirchliche Quellen, auf die Stadtmauer und bat als der rechtmäßige Papst um Frieden. Und er drohte allen mit Exkommunikation und Bann, die es wagen würden, gegen ihn und gegen die Stadt mit Waffengewalt vorzugehen." Doch Otto lässt sich davon nicht beeindrucken: Er belagert und brandschatzt, die Menschen in Rom hungern. „Man ernährte sich von Hunden und Katzen! In dieser entsetzlichen Drangsal beschlossen die Römer nun, Benedikt an den Kaiser auszuliefern", schildert Schmidt-Eppendorf die weitere Entwicklung. „Sie sagten, es sei besser, wenn ein Mensch stürbe, als wenn ein ganzes Volk zugrunde gehe." Otto zieht mit seinem Papst Leo in Rom ein und beruft abermals eine Synode ein.

Die Grafik erinnert an eine Geschichte aus dem 10. Jahrhundert.

„Da stand er, Benedikt V., angetan mit den päpstlichen Gewändern und Insignien, voller stummer Würde", sagt Schmidt-Eppendorf. Eindrücklich beschreibt er, was dann geschah: „In einem Akt grenzenloser Überwindung schritt Benedikt auf den Kaiser zu. Tief kniete er sich vor ihm und seinem Papste nieder und sprach zum Erstaunen aller deutlich die Worte: Ich habe Unrecht getan! Die Stille war bestürzend. Ein Raunen ging durch die Versammlung, als das unwürdige Schauspiel seinen Fortgang nahm. Einer zerrte Benedikt das Pallium von der Schulter, ein anderer nahm ihm den Stab aus der Hand und gab beides dem triumphierenden Leo zurück." Und der verkündete dann das Urteil: „Benedikt, dem Eindringling auf dem päpstlichen Stuhl, nehmen wir hiermit alle bischöflichen und priesterlichen Würden. Auf die milde Fürsprache des Kaisers jedoch, durch dessen Bemühen ich wieder in das mir zustehende Amt eingesetzt bin, erlauben wir ihm, die Würde eines Diakons zu behalten. Doch soll er sich künftig nicht in Rom aufhalten, sondern in einem Exil, das ihm bestimmt werden wird."

„Bei euch Hyperboreern kann kein italisch Herz warm werden!"

Der Kaiser habe nun seinen Triumph gehabt, seinen Gefangenen jedoch „in hohen Ehren" gehalten, sagt Schmidt-Eppendorf: „Er vertraute ihn seinem engen Freund und Kanzler, Adaldag von Hamburg und Bremen, an und bestimmte als Exil Hamburg, den befestigten Siedlungsplatz im äußersten Norden des Reiches." So kommt Benedikt also nach Hamburg, das damals gerade einmal aus ein paar Häusern, umgeben von Wällen, und einem Holzdom besteht. Die beschwerliche Reise über die Alpen und das raue Klima des Nordens hätten den Geistlichen geschwächt. Doch in Hamburg habe man ihn sehr geschätzt, sagt Peter Schmidt-Eppendorf. Er sei ein ausgesprochen bescheidener und frommer Mann gewesen. Manchmal habe er allerdings mitten im Sommer gesagt: „Bei euch Hyperboreern kann kein italisch Herz warm werden!", zitiert er. Und: „Sein sonniges Italien, sein geliebtes Rom sah er nie mehr wieder. Am 04. Juli 965 hörte sein italisch Herz auf zu schlagen. Gott rief ihn in eine andere, in eine bessere Heimat. Die trauernden Hamburger gaben ihm den würdigsten Platz für sein Begräbnis, ein Grab in der Domkirche."

Ein misslungener Streich des Schicksals: Papst Leo VIII. stirbt in Rom zur gleichen Zeit und die Römer wollen nun ihren Benedikt wiederhaben. „Doch es war zu spät", sagt Schmidt-Eppendorf. „Der Enkel Ottos des Großen, Kaiser Otto III., ließ die sterblichen Überreste von Benedikt V. wieder heimbringen nach Rom." Und die Hamburger pflegten das Andenken an „ihren" Papst mit dem leeren Grab. „Nachdem man den Dom 1805/06 abgebrochen hatte, galt das Papstgrab als verschollen", sagt der Monsignore. „Als später ein neuer U-Bahn-Tunnel durch das Gelände des einstigen Domes gegraben wurde, tauchten ein paar Bruchstücke des Epitaphs wieder auf. Im Museum für Hamburgische Geschichte sind sie heute sorg-fältig aufbewahrt." Im Mariendom aber hängt die Grafik. Und er-innert an einen vertriebenen Geistlichen, der in Hamburg eine zweite Heimat fand – wenn auch eine kühlere als die, die er in Rom gehabt hatte.

Eva-Maria Bast

....

So geht's zur Papstgrab-Grafik:

Sie hängt im Mariendom am Ende des Flurs, der zur Krypta führt. Die Adresse lautet „Am Mariendom 1".

39

Bergwerk
Kohle im Flachland

Kumpel im hohen Norden? Kohlezechen an der Elbe? Obersteiger in Hamburg? Nee, so was gibt's nicht. Stimmt. Genauer gesagt: So was gibt es nicht mehr. Denn in einem Waldstück am Rande der Berge (keine Sorge, wir befinden uns noch in Hamburg) wurde tatsächlich einmal Kohle gefördert. Man muss aber schon genau hinsehen, um die Reste des Bergwerks heute zu entdecken: am Ehestorfer Heuweg am Rande der Harburger Berge im Stadtteil Hausbruch. „Es ist noch ein großer Betonquader zu sehen, das ist der Rest der ehemaligen Braunkohlewäscherei", erklärt Lars Haider. Der Chefredakteur des Hamburger Abendblatts ist ganz in der Nähe aufgewachsen. Und irgendwann hat er Geschichten aufgeschnappt, dass es hier einmal ein Bergwerk gegeben haben soll. „Als Kind war ich relativ oft hier, aber damals wusste ich noch nichts davon", erzählt er. Doch als er dann erwachsen und Journalist war, war die beruflich bedingte Neugier natürlich schnell geweckt und er begann zu recherchieren.

Schon Mitte des 19. Jahrhunderts entdeckten Geologen auch in Norddeutschland Kohlevorkommen. Die meisten waren allerdings so unergiebig, dass eine Förderung nicht lohnenswert erschien.

„In Hausbruch entdeckte man per Zufall den Kohleflöz", erzählt Haider. „Das war 1917, mitten im Ersten Weltkrieg, als man einen Brunnen bohren wollte." Die Eigentümerin sicherte sich daraufhin die Schürfrechte und verkaufte 1919 an eine Dortmunder Firma. Denn nun, nach dem Krieg, herrschte in Deutschland große Energieknappheit, auch weil so viel an die Siegermächte geliefert werden musste. „Der Abbau erschien in Harburg nun lohnenswert", sagt Haider. „Vor allem, weil es einen Großabnehmer gab: die Gummiwaren-Fabrik Harburg-Wien, aus der die Phoenix-Werke hervorgingen."

Denn der Industriebetrieb hatte besonders unter der Energiekrise zu leiden und war froh über das so nah gelegene Vorkommen. Roberts-

Lars Haider steht auf den Resten der Anlage, in der die Braunkohle gewaschen wurde.

hall wurde die Anlage genannt – warum das Schürffeld den Namen Robert bekam, ist nicht bekannt. Allzu tief mussten die Stollen nicht in die Erde getrieben werden. „Zunächst waren es 13 Meter, später 17", sagt Haider. Jeweils etwa 60 Männer in drei Schichten hauten die Kohle mit der Spitzhacke. Oder besser gesagt: ein Sand-Kohle-Gemisch. „Der Sand, etwa 45 Prozent, musste erst ausgewaschen werden. Und das wurde in dem Gebäude gemacht, dessen Reste heute noch stehen",

Der Betonklotz mit Aufschrift ist der einzige sichtbare Hinweis auf die vergessene Kohlezeche.

erläutert Haider. Dabei entstand eine Menge Dreck. So viel, dass die durch das Dorf Francop fließende Landscheide – ein Entwässerungskanal – total verschmutzt wurde. „1921 warnte der Landrat, dass es nicht mehr als Trinkwasser genutzt werden dürfe", berichtet Haider.

Das Problem löste sich rasch. Nicht durch Umweltschutzmaßnahmen, sondern die Marktlage. „Höherwertige Rohstoffe als die relativ brennwertarme Braunkohle waren wieder günstig zu haben, sodass sich die Förderung nicht mehr lohnte", erzählt Haider. Schon 1922 kam somit das Aus für den Bergbau. Die Anlagen verfielen und dienten den Kindern als Abenteuer-Spielplatz. Doch fast hätte es eine Renaissance gegeben. Denn der nächste, weitaus schlimmere Krieg hatte eine noch dramatischere Energiekrise zur Folge. Und so überlegte man 1945 ernsthaft, die Förderung wieder aufzunehmen. Untersuchungen ergaben eine Kapazität von rund 115.000 Tonnen – zu wenig und zu teuer. „Und so zeugt nur noch die Waschanlage von der Bergbau-Vergangenheit", sagt Lars Haider. „Und eine kleine Straße in der Nähe. Sie heißt: Zum Bergwerk."

Sven Kummereincke

So geht's zum Bergwerk:

Am Ehestorfer Heuweg, gleich neben der Abbiegung „Beim Bergwerk", steht die Waschanlage nach ein paar Metern im Wald.

Das Mausoleum auf dem Alten Hammer Friedhof, in dem Karl Sieveking seine letzte Ruhestätte hat.

Mausoleum

40

Der geplatzte Südsee-Traum

E s ist diese besondere Atmosphäre, wie sie nur auf alten Friedhöfen herrscht. Und trotz des Bewusstseins, von Toten umgeben zu sein, kann man sich dieser speziellen Schönheit kaum entziehen. Der Ort, an dem wir uns befinden, ist gewissermaßen Hamburgs Promi-Friedhof früherer Tage – obwohl er im Stadtteil Hamm liegt, den man heute eher mit sozialen Problemen in Verbindung bringt. Früher aber hatten hier viele reiche Hamburger ihre Landsitze – und ihre Grabstätten. Eine davon ist ganz besonders: das Mausoleum der Sievekings. Groß und grau steht der steinerne Quader direkt an der Hammer Kirche auf einer kleinen Anhöhe.

Es gäbe viele Geschichten dieser Familie zu erzählen, deren Mitglieder eine so wichtige Rolle in der Stadtgeschichte gespielt haben.

Die Sievekings sind seit dem frühen 18. Jahrhundert in Hamburg ansässig. Auch heute kennt sie noch jeder, weil so viele Straßen und Plätze (und auch ein Krankenhaus) nach ihren Mitgliedern benannt sind. Das Mausoleum hat Karl Sieveking (1787-1847) beim berühmten Architekten Alexis de Chateauneuf (1799-1853) in Auftrag gegeben – es ist das älteste der Stadt. Aus dem Leben dieses Sieveking ließe sich viel erzählen, er war Jurist, Diplomat und Wohltäter. Jetzt geht es aber um eine Geschichte, die so gut wie vergessen ist: Denn beinahe hätte er Hamburg zu einer Südsee-Kolonie verholfen, und zwar wortwörtlich am anderen Ende der Welt.

Sieveking hätte eigentlich wie sein Vater Georg Heinrich (1751-1799) Kaufmann werden sollen. Doch seine Mutter förderte die künstlerische Seite ihres Filius, der Jura in Heidelberg und Göttingen studierte und ins französisch besetzte Hamburg zurückkehrte. Dort machte er sich in den Befreiungskriegen gegen Napoleon beim Aufbau der Bürgergarde verdient, zeigte politisches Geschick und wurde 1819 Gesandter der Hansestädte Hamburg, Lübeck und Bremen in St. Petersburg. Später verhandelte er für seine Vaterstadt die Zollfreiheit auf der Elbe, wirkte beim Bundestag in Frankfurt (so hieß die Versammlung der Gesandten aller deutschen Staaten des Deutschen Bundes) und wurde nach Brasilien geschickt. Dort fädelte er mit dem gerade unabhängig gewordenen neuen Staat einen Handelsvertrag ein, der den Hamburger Kaufleuten den südamerikanischen Markt öffnete. Offiziell war Sieveking Senatssyndicus und damit der höchste Beamte und eine Art Hamburger Außenminister.

Diese Vorgeschichte war notwendig, denn nun erst versteht man, warum 1840 Joseph Somes, Chef der britischen New Zealand Company, auf Karl Sieveking zukam, um ihm ein Geschäft vorzuschlagen, und zwar den Kauf einer Inselgruppe im Südpazifik: der Chatham Islands. Diese elf Inseln, deren größte gerade einmal 920 Quadratkilometer misst, liegen rund 650 Kilometer südöstlich von Neuseelands Nordinsel. 1791 hatte der Engländer William Broughton (1762-1821) sie als erster Europäer entdeckt und nach seinem Schiff benannt. Die New Zealand Company hatte die Inseln 1840 von den einheimischen Maori gekauft, steckte aber in finanziellen Schwierigkeiten, weil längst nicht so viele Engländer wie erhofft Land in Neuseeland kaufen wollten. Also suchte man nach Investoren, an die man zumindest die abgelegenen Chatham Islands veräußern könnte.

Sieveking handelte sofort. Er kam mit einigen der bedeutendsten Kaufleute und Reeder Hamburgs zusammen, um die Deutsche Colonisation-Gesellschaft zu gründen. Zu den Teilhabern zählten unter anderem Robert Miles Sloman (1783-1867), dessen Reederei noch heute existiert, und der sagenumwobene Johan Caesar Godeffroy VI. (1813-1885), den man später den Südsee-König nennen sollte. Am 15. Februar 1841 unterzeichneten sie die Gründungsurkunde und beauftragten Sieveking mit den Verhandlungen. Der schloss am 12. September des Jahres einen Vorvertrag: 10.000 Pfund Sterling, eine damals ungeheure Summe, wolle man zahlen, sobald der Vertrag in London ratifiziert wäre. Es bedurfte also nur noch einer Unterschrift, und die erste deutsche Kolonie überhaupt wäre Wirklichkeit geworden.

Der Plan scheiterte dann doch – es war Königin Victoria (1819-1901), die ihn vereitelte. Das Vorhaben, die Inseln an Hamburg zu verkaufen, war öffentlich geworden. So wurde die Krone gezwungen, Stellung zu beziehen. Victoria entschied sich trotz aller Versuche der New Zealand Company dagegen und erklärte am 4. April 1842 die Chatham Islands zum Bestandteil Neuseelands – und damit der britischen Krone. Ein privatrechtlicher Verkauf war nicht mehr möglich.

Für Hamburg war das wohl eine gute Entscheidung. Moralisch, weil die mit dem Kolonialismus immer einhergehende Unterdrückung der einheimischen Bevölkerung den Maori erspart blieb; wirtschaftlich, weil die Inseln mit heute 600 Einwohnern nicht gerade eine atemberaubende Entwicklung hinter sich haben – und klimatisch. Denn im „Südseeparadies" ist es meist windig, bewölkt und regnerisch. Und das kann man als Hamburger ja schließlich auch zu Hause haben!

Sven Kummereincke

So geht's zum Mausoleum:

Das Grab steht hinter der Dreifaltigkeitskirche an der Straße Bei der Hammer Kirche.

Schule

Der verlorene Stadtteil

Die Sicherheitsmaßnahmen sind so aufwendig, dass man vermuten möchte, hier gebe es etwas sehr Wertvolles zu schützen. Dabei steht hinter dem modernen Stahlzaun mit Stacheldraht nur ein verfallenes Gebäude. Die Backsteinmauern sind mit Graffiti und Schmierereien übersät, einige Fenster mit Brettern zugenagelt, andere Scheiben eingeworfen. Ein trostloser Anblick. Und durchaus passend. „Diese ehemalige Schule ist das letzte Überbleibsel eines einst lebendigen Stadtteils, in dem mehr als 3000 Menschen lebten", sagt Margret Markert. Der aktuelle Einwohnerstand lautet: Null. Wie seit 36 Jahren, als die letzte Bewohnerin den Stadtteil Neuhof verließ. „Seitdem ist die Insel mitten im Hamburger Hafen ein reines Industriegebiet", erläutert Markert, die in der Geschichtswerkstatt Wilhelmsburg und Hafen arbeitet.

Die Geschichte Neuhofs ist die eines ländlichen Idylls, aus dem die Industrie erst die Fischer und Bauern vertrieb, um Platz für Arbeiterwohnungen zu schaffen – und schließlich auch die Arbeiter zu verjagen.

Ende des 19. Jahrhunderts war Neuhof in Besitz der Familie von Grote. Das Land war verpachtet an Milchbauern und Fischer. „Doch der rasch wachsende Hamburger Hafen rückte immer näher, und längst wurde auf das günstig gelegene Gebiet spekuliert", sagt Margret Markert. 1895 schließlich wollte Otto von Grote verkaufen. „Der nicht mehr ganz junge Junggeselle (…) fühle sich nicht mehr behaglich und wünsche zu verkaufen", notierte Bankier Eduard Martin Friedburg. Die eigens dafür gegründete Neuhof AG erwarb die 260 Hektar für 2,6 Millionen Mark – und machte kräftige Gewinne. Denn ein paar Jahre später veräußerte sie 80 Hektar davon an die Stadt Hamburg: für 5 Millionen Mark. Auf dem Gelände wurde die Vulcan-Werft angesiedelt, die von Stettin an die Elbe wechselte, um hier die größten Schiffe der Welt bauen zu können. „Die Werft brachte ihre Arbeiter mit, und

Ein Stahlzaun sichert das Gelände und die langsam verfallende Schule.

für die wurden fast 1000 Wohnungen auf Neuhof errichtet", beschreibt Markert die Entwicklung. Treibende Kraft hinter der Neuhof AG und der nun gegründeten Neuhöfer Wohnstätten-Gesellschaft war Ferdinand Nippold (1871-1929), ein Berliner Unternehmer, der sich hier sein eigenes Reich schuf, in dem er unangefochten schalten und walten konnte. Noch heute erinnert die nach ihm benannte Straße an ihn.

„Diese ehemalige Schule ist das letzte Überbleibsel eines einst lebendigen Stadtteils, in dem mehr als 3000 Menschen lebten."

Die letzten verbliebenen Fischer zogen nach Altenwerder oder Moorburg, und bis 1914 wurden 87 viergeschossige Mietshäuser hochgezogen, die als mehrere Hundert Meter langer Quader mit Innenhöfen eine einzige Wohnanlage bildeten. „Wegen der zugezogenen Arbeiter wurde das Quartier Klein-Stettin genannt, später dann Klein-Moskau, weil die KPD hier eine Hochburg hatte", berichtet Margret Markert.

Die Vulkan-Werft, auf der 1912 mit dem „Imperator" tatsächlich das größte Schiff der Welt gebaut wurde – noch größer als die im gleichen Jahr gesunkene Titanic! – bildete nur den Anfang. Es folgten Ölmühlen, Raffinerien und ein riesiges Kraftwerk. Und doch hatte die Siedlung etwas Idyllisches, denn die Arbeiter besaßen alle Kleingärten direkt am Wasser. Es gab Dutzende kleine Geschäfte und Kneipen, und viele Neuhöfer fühlten sich ihrem Stadtteil eng verbunden.

„Doch das Ende bahnte sich in den 60er-Jahren an", berichtet Markert. Der Hafen wurde für das Container-Zeitalter umgerüstet, neue Flächen erschlossen – und eine neue Brücke geplant: die Köhlbrandbrücke. Die lange Auffahrt sollte direkt durch Neuhof führen. 1968 erklärte der Senat, dass allen Einwohnern bevorzugt andere Wohnungen zur Verfügung gestellt würden – und die erste Abwanderungswelle begann. Es war die Zeit, in der die heute so verpönten Hochhaussiedlungen wie in Kirchdorf-Süd, Steilshoop oder Osdorf aus dem Boden gestampft wurden.

1971 schien noch einmal eine Wende möglich, als die gewerkschaftseigene Wohnungsbaugesellschaft „Neue Heimat", die die Wohnungen übernommen hatte, eine Modernisierung ankündigte.

Doch schon ein Jahr später nahm man davon Abstand – und der Senat machte Neuhof zum reinen Industriegebiet. Als die Brücke 1974 eingeweiht wurde, blieben dennoch viele weiter dort wohnen, auch neue Bewohner kamen – angelockt von sehr niedrigen Mieten. Aber spätestens nach der schweren Sturmflut vom 3. Januar 1976, als die ganze Insel überflutet wurde, wanderten die meisten ab. Im Januar 1980 dann – der Abriss hatte längst begonnen – packte die letzte Neuhoferin ihre Koffer. 1985 verschwand auch die Werft, die mittlerweile den Howaldtswerken Deutsche Werft (HDW) gehörte.

Auch die Besetzung durch die Arbeiter 1983 hatte das Schicksal nicht abwenden können.

Heute besteht Neuhof vor allem aus der kilometerlangen Brückenauffahrt, den verbliebenen Industrie-Betrieben – und viel Brachland. Sowie der alten Schule. „Anfang der 80er-Jahre wurde sie geschlossen", erzählt Markert. Zuletzt hatte sie noch Schlagzeilen gemacht als „Deutschlands erste Schule ohne deutsche Kinder". Es war ein Experiment, die Kinder von gerade eingewanderten Migranten zentral zu unterrichten. Doch das wurde bald wieder aufgegeben – wie die Schule. Das Gebäude diente später noch

Margret Markert steht vor der alten Schule Neuhof mitten im Hafen.

ein paar Jahre als Asylbewerber-Unterkunft. Aktuelle Pläne gibt es mit dem Gelände nicht. Und so wird das Gebäude weiterhin das einzige Relikt bleiben, das an Neuhofs Geschichte erinnert.

Sven Kummereincke

So geht's zur Schule:

Sie steht am Neuhöfer Damm, Ecke Neuhöfer Straße.

42

Malerjunge
Der Kleine mit der Farbkugel

*E*r ist emsig bei der Sache, der Lehrjunge, der unten rechts im Schrein des Lukas-Altars der Jacobikirche sitzt. Seine Backen sind vor Eifer gerötet, hoch konzentriert drückt er eine Kugel auf ein Brett, das wiederum auf dem kleinen Tisch liegt, an dem er sitzt. Er sieht nicht nur sehr ernst, sondern auch ein wenig stolz aus. Schließlich ist das, was er da tut, eine ausgesprochen wichtige Aufgabe! Aber was, mag man sich fragen, ist es denn, was er da so Wichtiges tut? Dr. Christina Linger, Vorsitzende des Hamburger Gästeführervereins, kennt die Antwort: „Seine Aufgabe ist es, die Farbkugel, die er in den Händen hält, zu ganz feinem Pulver zu zerstoßen. Dabei muss er sehr sorgsam vorgehen, denn wenn die Farbe nicht ordentlich kleingerieben ist, kann sein Meister nicht malen." Sein Meister, das ist kein Geringerer als der Evangelist Lukas. Er befindet sich direkt neben ihm, sitzt an der Staffelei, hat seinem kleinen Lehrling den Rücken zugekehrt. Denn auch er hat eine wichtige Aufgabe: „Er muss die Mutter Gottes mit dem Jesuskind porträtieren", erklärt die Archäologin. „Auch Katharina von Alexandrien ist zu sehen und die vier lateinischen Kirchenväter. Und Lucia von Syrakus, die Patronin der Glaser, denn der Altar ist auch den Glasern gewidmet." Lukas soll der Erste gewesen sein, der Maria mit dem Jesuskind porträtiert hat – und er soll das auch am besten gekonnt haben, weshalb er der Schutzheilige der Malerzünfte wurde. „Und weshalb sich die Lukas-Bruderschaft gründete, der auch Berühmtheiten wie Leonardo da Vinci und Tilmann Riemenschneider angehörten", unterstreicht Christina Linger die Bedeutung der Lukas-Bruderschaft.

Doch natürlich hatte diese auch weniger berühmte Mitglieder: In den Lukasgilden schlossen sich Maler, Schnitzer, aber auch Glaser und Buchdrucker zusammen – die Gilde bot einen gewissen Schutz, ihre künstlerisch tätigen Mitglieder wurden gefördert. Doch durfte nicht jeder Mitglied werden: Man musste das Bürgerrecht haben, und das

Der kleine Malerlehrling ist eifrig bei der Sache!

Dr. Christina Linger blickt zum Lukas-Altar hinüber.

bekam ausschließlich, wer über Grundbesitz verfügte. Nur dann durfte man als Meister eine Werkstatt betreiben und Lehrlinge beschäftigen. Die Werke, die sie in der Werkstatt schufen, waren Eigentum ihres Meisters.

Das Maleramt habe den Altar 1499 gespendet, berichtet Linger. Ursprünglich stand er im Mariendom, der nach der Säkularisation abgebrochen wurde – der Altar wurde gerettet und in die Hauptkirche St. Jacobi gebracht, wo noch heute vor dem Altar die Lossprechung der Maler, Glaser und Lackierer stattfinde, erzählt sie. Die haben es heute leichter – und vor allem geht es schneller als bei den Lehrlingen früher: „In der Hansezeit gab es in den Zünften eine siebenjährige Lehrzeit", schildert Dr. Christina Linger. „Die Lehrlinge mussten erstmal die ganz einfachen und auch unbeliebten Arbeiten verrichten wie Aufräumen, Ausfegen und Besorgungen machen." Farbe reiben, wie der auf dem Altarschrein dargestellte Junge das tut, war noch lange nicht drin! „Das war eine verantwortungsvolle Aufgabe, da musste man etwas erfahrener sein. Der ist ganz wichtig, der kleine Lehrling, sonst hat der Meister keine vernünftige Farbe. Er war bestimmt schon im vierten Lehrjahr." Kein Wunder, dass er so stolz aussieht. Immerhin hat er bereits drei Lehrjahre hinter sich gebracht. Nur noch dieses Jahr und dann noch drei, dann beginnen zwar für ihn noch nicht die Meisterjahre, aber er ist immerhin Geselle!

Eva-Maria Bast

So geht's zum Malerjungen:

Er sitzt auf der rechten Seite des Lukas-Altars ganz unten im Eck. Der Lukas-Altar steht in der St.-Jacobi-Kirche. Wenn man sie durch den Haupteingang betritt, muss man noch vor der gläsernen Tür nach rechts gehen, dann läuft man direkt auf den Altar zu. Adresse der Kirche ist Jakobikirchhof 22.

Ein Goethe-Zitat mitten in der Poststraße!

43

Goethe-Zitat

Ein Dichter und zwei starke Frauen

Goethe? In der Poststraße? Aber ja! Und sogar in Stein gemeißelt! Sibylle Hugo, die schon seit ihrer Kindheit in Hamburg lebt und zahlreiche Details in ihrer Heimatstadt entdeckt hat, ist das Zitat irgendwann einmal aufgefallen, als sie in der Stadt spazieren ging. *Auf strenges Ordnen, raschen Fleiss erfolgt der allerschoenste Preis. Dass sich das größte Werk vollende, genügt ein Geist für tausend Hände*, steht da in der Poststraße an einem Kontorhaus „Als ich es entdeckte, wusste ich aber nicht, dass das Zitat von Goethe stammt" sagt sie. „Aber es hat mich nicht losgelassen, ich habe immer wieder darüber nachgegrübelt."

Wenig später besuchte die Hamburgerin eine Theateraufführung. Faust. „Und plötzlich wurde genau dieser Spruch zitiert und ich war

155

wie elektrisiert, als ich begriff, dass der Spruch, den ich an dem Kontorhaus entdeckt habe, aus Goethes Faust II ist." Jetzt wollte Sibylle Hugo es genau wissen. Sie stöberte in alten Quellen, las nach und fand eine Stelle, durch die sich ihr der Zusammenhang zwischen dem Spruch und dem Kontorhaus erschloss. „Alle Kräfte der Magie werden von Faust in seinem Unternehmen mit den echten Leistungen des Unternehmers – strenges Ordnen – und den Leistungen des Arbeiters – rascher Fleiß – zusammengefasst, um den höchsten Preis – Geld – zu

Sibylle Hugo hat sie entdeckt, die Dichtung in der Einkaufsstraße.

gewinnen", fasst Sibylle Hugo das Gelesene zusammen. „Es geht um die Maximierung des Geldwertes der Welt. Faust ist der Unternehmer, der alle Produktionskräfte auf das eine, große Unternehmensziel ausrichtet." Und wo, findet sie, könnte ein solcher Spruch besser passen als an einem Kontorhaus? „Dieser Spruch soll den Kaufmannsgeist widerspiegeln", ist sie sich sicher.

Bis aus dem Gebäude ein Kontorhaus wird, erlebt es allerdings eine wechselvolle Geschichte: „Das Kontorhaus gehörte früher zum berühmten Hotel Streit's am Jungfernstieg, das ist sozusagen die Vorderseite des Gebäudekomplexes", erklärt Sibylle Hugo. „Der Besitzer hieß Christian D.F. Streit."

Der eröffnet sein Hotel am 12. Mai 1837. 43 Jahre ist er damals alt und er macht das Streit's zu einem glamourösen Hotel der Hansestadt. Zudem ist er ein pflichtbewusster Bürger: Beim Großen Brand in Hamburg lässt er das Vorderhaus seines Hotels sprengen, um eine Feuerschneise zu schlagen. Damit kann der Brand gestoppt und der Gänsemarkt vor der Zerstörung bewahrt werden. Während das vordere Gebäude wiederaufgebaut wird, zieht Streit ins Hinterhaus an der Poststraße um, in eben jenes Haus, an dem das Goethe-Zitat zu lesen ist. „Das war ein riesiger Komplex", sagt Sibylle Hugo. „Es gab dort Remisen, Kutscherwohnungen und Pferdeställe."

Christian Streit übergibt die Geschäfte an seinen Sohn Ludwig, der jedoch 1869 jung stirbt. Ludwigs Witwe führt zunächst einmal das

Hotel erfolgreich weiter. 1909 wird das Hinterhaus an der Poststraße schließlich zum Kontorhaus umgebaut. 1925 verkaufen die Streits das am Jungfernstieg gelegene Hotel im Vorderhaus an Familie Vogt – und auch jetzt ist es wieder eine Frau, die die Geschicke des Hotels leitet, denn auch Bertha Vogt wird im März 1935 Witwe. Die Besitzerin, „Frau Ludw. Vogt", macht ihre Sache gut, gilt sie doch als großartige und verdienstvolle Gastronomin, was 1937 beim 100-jährigen Bestehen dieses ältesten Hamburger Hotels auch gewürdigt wird. 1945 beschlagnahmt die britische Besatzungsmacht das Hotel. Doch in den 1950er-Jahren wird das Streit's zum Bürohaus umgewandelt, von 1956 bis 2003 beherbergt der vordere Teil das bekannte Streit's Filmtheater sowie mehrere Einzelhandelsgeschäfte.

Da das Kontorhaus „Streit´s Hof" unter Denkmalschutz gestellt wurde, wird uns das Zitat von Johann Wolfgang von Goethe wohl erhalten bleiben. Sibylle Hugo findet: „Es passt eigentlich zu jedem Kapitel dieses Hauses mit seiner bewegten Geschichte, denn auch Hotelgründer Streit dachte ja schon ausgesprochen kaufmännisch." Und deshalb freut sie sich immer, wenn sie an dem Zitat vorbeigeht. Es ist ihr kleines Geheimnis, denn, so hat sie beobachtet, es wirft eigentlich niemand einen Blick hinauf. Nun hat sie ihr Geheimnis preisgegeben, damit sich auch andere daran freuen können.

Eva-Maria Bast

....

So geht's zum Goethe-Zitat:

Es befindet sich auf Höhe des ersten Obergeschosses in der Poststraße 14. Die Vorderseite des Gebäudes ist der Jungfernstieg 38.

Wappenschild
Erinnerung an eine unglückliche Prinzessin

Wilhelmsburg, sagt Geograph Frank Lehmann, sei an sich schon ein Geheimnis. Die meisten Hamburger hätten die Elbinsel als unattraktiv, weil Brennpunktviertel, abgespeichert. Für Frank Lehmann gibt es aber keinen gegensätzlicheren und keinen spannenderen Stadtteil. In der Tat: Kehrt man der wirklich etwas trostlosen Gegend um den Bahnhof herum den Rücken, lässt man die Wohnblöcke und Hochhäuser hinter sich, findet man sich mit einem Mal in einer ausgesprochen ländlichen Gegend wieder – fehlte nur noch, dass eine Kuh ums Eck kommt! Schmucke Einfamilienhäuser, hübsche Gärtchen am Ufer: Und inmitten dieser Idylle entdeckt man plötzlich, vor dem Elbinselmuseum, ein Schild mit einem Wappen. Es steht ein wenig verloren abseits des Weges und ist leicht zu übersehen. Was ist das für ein Schild und warum steht es hier? Klar, dass Frank Lehmann, der auch als Stadt- und Reiseführer arbeitet, weiß, dass es sich hier um einen heraldischen Wappenschild handelt. Er kennt die spannende Geschichte dahinter – und die hängt eng mit der Geschichte Wilhelmsburgs zusammen.

Georg Wilhelm von Braunschweig-Lüneburg-Celle (1624-1705) kaufte am 4. September 1672 drei große Elbinseln, ließ sie eindeichen, durch Verbindungsdeiche zusammenschließen und (natürlich!) Wilhelmsburg nennen. Nun steckt hinter der Gründung Wilhelmsburgs eine Liebesgeschichte – oder eigentlich zwei. Die von Georg Wilhelm selbst und die seiner unglücklichen Tochter Sophie Dorothea (1666-1726). Georg Wilhelm wusste sich Wege aus den Zwängen seiner Zeit zu suchen, um glücklich zu werden. Er liebte die Hofdame Eleonore Desmier d'Olbreuse (1639-1722), doch die war nicht standesgemäß. Allerdings ließ die damalige Zeit die Möglichkeit zu, eine sogenannte „Ehe zur linken Hand", auch „morganatische Ehe" genannt, zu führen. Das war dann die Lösung des Problems, wenn einer der beiden Partner einen niedereren Stand hatte. Georg Wilhelm ehelichte Eleonore also

Frank Lehmann kennt die mit dem Wappenschild verbundene Geschichte.

auf morganatische Weise – und den beiden wurde ein Kind geboren: Sophie Dorothea. „Für sie kaufte Herzog Georg Wilhelm 1672 von dem Adelsgeschlecht der Groten die zwischen Hamburg und Harburg gelegenen Inseln, vereinigte sie mit denen, die er bereits besaß und nannte dieses Gebiet ‚Herrschaft Wilhelmsburg‘“, schreibt Ursula Falke in einem Aufsatz über Sophie Dorothea. Und: „Durch die wichtige Stellung, die Georg Wilhelm im Reich einnahm, und wegen der tatkräftigen Hilfe, die er Kaiser Leopold V. in Wien im Feldzug gegen Frankreich leistete, erreichte er eine Rangerhöhung seiner Frau und seiner Tochter, die am 22. Juli 1674 in Wien beurkundet wurde.“ Eleonore wurde Gräfin von Harburg, und dadurch, berichtet Ursula Falke, sei eine offizielle Trauung mit Herzog Georg Wilhelm dann möglich geworden.

„So ist der Name entstanden, Wilhelmsburg war dadurch Teil des Fürstentums Hannover.“

Tochter Sophie Dorothea hingegen ist nun Gräfin von Wilhelmsburg. Ihr Leben verläuft jedoch sehr traurig: Zwar ist ihre Kindheit ausgesprochen glücklich, doch dann kommt sie ins heiratsfähige Alter – und darf bei der Wahl ihres Bräutigams, wie damals üblich, nicht mitreden. Zumal ihre Hochzeit politische Bedeutung hat: Sie muss ihren Cousin Kurprinz Georg Ludwig (1660-1727) von Hannover heiraten, der später als britischer König Georg I. in die Geschichte eingehen wird. Die Väter der Brautleute sind Brüder und haben lange schon einen Vertrag über die Vermählung ihrer Kinder geschlossen, bietet die Heirat doch die Gelegenheit, die Fürstentümer Hannover und Lüneburg zu vereinigen. Sophie Dorothea kann sich nicht für ihren Gatten erwärmen – und der Kurprinz legt umgekehrt wenig Wert auf ihre Gegenwart. Er schenkt seine Gunst lieber seiner langjährigen Mätresse Ehrengard Melusine Gräfin von der Schulenburg (1667-1743). 1688 wird Philipp Christoph Graf von Königsmarck (1665-1694) Oberst der Leibgarde von Sophie Dorotheas Schwiegervater, Herzog Ernst August. Sophie Dorothea kennt Königsmarck bereits aus ihren Kindertagen, hatte er doch am Hof ihrer Eltern als Page gedient. Sie verliebt sich in ihn, die beiden schreiben sich knapp 700 ausgesprochen anrührende Liebesbriefe. Das schmeckt Dorotheas

Gatten ganz und gar nicht. Was ihm selbst in seinen Augen zusteht, will er nämlich seiner Gattin nicht zuerkennen – eine für die damalige Zeit nicht unübliche Denkweise. Sophie Dorothea flieht zu ihren Eltern, doch ihr Vater schickt sie zurück. Die Gründe sind wieder politisch: Im langwierigen Nordischen Krieg ist ihr Vater darauf angewiesen, dass sein Bruder ihn gegen Dänemark und Schweden unterstützt, und kann es sich daher nicht leisten, ihn zu verärgern.

Aber dieses Mal will sich Sophie Dorothea nicht so leicht in ihr Schicksal fügen. Sie plant, gemeinsam mit ihrem Geliebten und ihrer Hofdame Eleonore von dem Knesebeck (1655–1717) zu fliehen. Der Plan wird verraten, in der Nacht vom 1. Juli 1694 verschwindet Graf Königsmarck im hannoverschen Schloss auf mysteriöse Weise. Was genau sein Schicksal war, ist unbekannt. Es gibt die Variante, er sei in der Leine versenkt worden, und auch die, man habe ihn im Schloss vermauert. Man sollte meinen, Sophie Dorothea hätte durch den Tod ihres Geliebten schon genug Leid erfahren – doch kommt es noch schlimmer: Ihr Gatte lässt sich scheiden, entzieht ihr den Titel der Kurprinzessin, verbietet ihr, ihre Kinder zu sehen und setzt sie in Schloss Ahlden in der Lüneburger Heide fest. Für den Rest ihres Lebens bleibt das Schloss ihr Gefängnis, das von 40 Mann bewacht wird. Um die in ihrer Kindheit so umsorgte und von ihrem Verehrer so geliebte Prinzessin ist es kalt und einsam geworden. Zwar billigt man der schönen Gefangenen im Laufe der Zeit etwas mehr Bewegungsfreiheit zu – erst darf sie sich nur im Innern des Gebäudes bewegen, später auch, mit Begleitung, im Außenbereich, und auch ihre Mutter

Auf dem Wappen sind links der Braunschweiger Löwe, umgeben von neun roten Herzen, und rechts vier blaue und weiße Lilien, überkreuz wechselnd, zu sehen. Es ist das gemeinsame Wappen von Georg Wilhelm (Löwe) und Eleonore Desmier d'Olbreuse (Lilien).

kommt sie besuchen. Kammerfrauen und Hofdamen stehen ihr zur Verfügung. Aber ihre Kinder Georg August (1683-1760), den künftigen König Georg II., und Sophie Dorothea (1687-1757), später als Gattin des „Soldatenkönigs" Friedrich Wilhelm I. Königin in Preußen und Mutter Friedrichs II., darf sie nie mehr wiedersehen. Ihr Liebster ist tot. Die Freiheit hat man ihr genommen. Was bleibt ihr da noch, der „Prinzessin von Ahlden", wie man sie nun nennt? Die Sehnsucht nach ihren Kindern treibt sie an – irgendwann versucht sie doch, dem Gefängnis zu entkommen. 1714 wird Georg Ludwig, Sophie Dorotheas einstiger Gatte, König Georg I. von Großbritannien und Irland. Die folgenden 123 Jahre werden Hannover und Großbritannien nun in Personalunion regiert. Für Sophie Dorothea macht dieser neue Umstand in ihrem Gefängnis keinen Unterschied. 1722 stirbt ihre Mutter. Nun hat sie den letzten Menschen verloren, der ihr etwas Wärme und Menschlichkeit schenkte. Sophie Dorothea wird bettlägerig und verweigert die Nahrungsaufnahme. Am 13. November 1726 geht ihr trauriges Leben zu Ende. Der Grund: eine krankhafte Leber, ein Gallenverschluss. Und ein gebrochenes Herz.

Ihr Schloss in Wilhelmsburg hat sie nie richtig genießen können, die arme Sophie Dorothea. Aber man hält das Gedenken an sie wach. Seit dem 15. September (das ist ihr Geburtstag) 1977 gibt es einen „Sophie-Dorothea-Stieg", und auch das Café im Museum trägt ihren Namen. Denn im alten Amtshaus, dem Nachfolgebau der Burg, ist heute der Verein für Heimatkunde mit seinem Elbmuseum untergebracht. „Im Sophie-Dorothea-Café gibt es selbstgebackenen Kuchen", sagt Frank Lehmann. Hier kann man wunderbar Kaffee trinken, hinaus in die schöne Anlage blicken und an die arme Prinzessin denken.

Eva-Maria Bast

....

So geht's zum Wappenschild:

Er steht in der Kirchdorfer Straße 163 an der Einfahrt zum Museum Elbinsel Wilhelmsburg.

Burchard Bösche vor dem ehemaligen Fabrikgebäude
an der Paulinenstraße.

45

Fabrik

Zigarrensortierer mit Schlips und Kragen

Wie eine Fabrik sieht das Gebäude eigentlich nicht aus. Eher wie ein altes Büro- oder Behördengebäude. Dabei wurden hier, in der Paulinenallee 28 in Eimsbüttel, einmal Millionen Zigarren gefertigt. In einer Fabrik, die den Arbeitern selbst gehörte. „Hier produzierte die Tabakarbeiter-Genossenschaft, die als Ergebnis eines 16-wöchigen Arbeitskampfes gegründet wurde, Zigarren", erklärt Burchard Bösche. Er ist Jurist, Experte für die Geschichte der Arbeiterbewegung und leitet das Genossenschaftsmuseum am Besenbinderhof. Zigarren waren im 19. Jahrhundert neben Pfeifen- und Kautabak ungemein beliebt

163

und das Hauptprodukt der Tabakindustrie. Das Zigarettenrauchen kam erst im und nach dem Ersten Weltkrieg in breiten Bevölkerungskreisen in Mode.

Die Geschichte der arbeitereigenen Zigarrenfabrik beginnt 1891 und ist untrennbar verbunden mit Adolph von Elm (1857-1916). Der heute weitgehend vergessene Hamburger ist einer der Vorkämpfer der Gewerkschafts- und Genossenschaftsbewegung und war Mitbegründer der Volksfürsorge. Und ein begabter Kaufmann. „Ohne ihn als Geschäftsführer wäre die Tabakarbeiter-Genossenschaft kein Erfolg geworden", sagt Bösche.

Hier war früher die erste genossenschaftliche Zigarrenfabrik Deutschlands beheimatet.

Im späten 19. Jahrhundert galten die Arbeiter beim Bürgertum (und erst recht beim Adel) als Schmuddelkinder der Gesellschaft. Und es gab eine weit verbreitete Angst vor einer sozialistischen Revolution. Deshalb wurden 1878 die SPD und die Gewerkschaften verboten. Erst 1890 hob man das Verbot auf. Zwar gab es erste Sozial- und Arbeiterschutzgesetze, doch waren sie in dieser Zeit meist der Willkür der Fabrikanten ausgeliefert. Die versuchten mit allen Mitteln, die Gründung von Gewerkschaften zu verhindern, weil sie steigende Löhne befürchteten. So war es auch in den Hamburger Zigarrenfabriken. „Dort gab es zwei Gruppen: die Tabakarbeiter, die ihren eigenen Verband hatten, und den Freundschaftsklub der Zigarrensortierer", erklärt Bösche. Sortierer war ein angesehener Lehrberuf: Die von den Arbeitern gedrehten Zigarren mussten möglichst farbeinheitlich in die Kisten verpackt werden. „Sie sollten bis zu 72 Farbschattierungen unterscheiden können", erläutert Bösche. „Das war schon eine Art Elite, viele kamen mit Krawatte zur Arbeit." Doch die Fabrikanten wollten beide Berufsgruppen zwingen, aus ihren Gewerkschaften auszutreten – deshalb sperrten sie alle Mitarbeiter aus. Ein harter Schlag, denn damals gab es keinerlei staatliche Unterstützung, sodass die Arbeiter und ihre Familien ohne Einkommen waren. Und je länger der Arbeitskampf dauerte, desto schwieriger wurde es, denn die Reserven der beiden Gewerkschaften waren bald aufgebraucht. Spenden anderer Arbeiter konnten nur die allergrößte Not lindern.

„In dieser Situation regte von Elm die Gründung einer Genossenschaft an", sagt Burchard Bösche. „Er hatte schon vier Jahre zuvor einen solchen Plan vorgelegt, hatte aber nicht die notwendige Mehrheit gewinnen können." Das war jetzt anders: Am 18. März 1891 wurde die Genossenschaft in Ottensen von 20 Arbeitern gegründet. Sie alle sollten durch wöchentliche Zahlungen Anteile an der Genossenschaft erwerben, aber keine Zinsen bekommen – das Geld sollte reinvestiert werden oder in die Reserven fließen. Aber der Start war ungemein schwierig, denn zunächst weigerten sich alle Tabakhändler, Waren an die Genossen zu liefern. So reiste von Elm mit einem Empfehlungsschreiben des niederländischen Vize-Konsuls nach Amsterdam. „Doch die Hamburger Fabrikanten hatten per Telegramm gedroht, mit niemandem

> *„Das war schon eine Art Elite, viele kamen mit Krawatte zur Arbeit."*

mehr Geschäfte zu machen, die an von Elm liefern", schildert Bösche deren Taktik. Außerdem war ein verleumderischer Zeitungsartikel lanciert worden, der der Genossenschaft unterstellte, ein Monopol anzustreben. Die Fabrikation drohte also zu scheitern, bevor die erste Zigarre gedreht war. Aber dann fand sich überraschend ein Hamburger Großhändler, der lieferte. Er hatte vor allem ausländische Geschäftspartner, deswegen musste er keine Rücksichten auf die Hamburger Fabrikanten nehmen.

Nun konnte die Genossenschaft loslegen. Und weil in und um Hamburg viele die Entwicklung mit Sympathie verfolgten, fanden die Zigarren guten Absatz. In den ersten drei Jahren machte man 46.000 Mark Gewinn – bei einem Arbeiterwochenlohn von rund zehn Mark eine beträchtliche Summe. Bald schon wurde in Eschwege eine zweite Fabrik übernommen, die Mitarbeiterzahl war 1892 auf 154 gestiegen.

„Doch dann kam es zur Krise", sagt Bösche. Die SPD, die damals noch einen revolutionären Ansatz verfolgte, lehnte im November 1892 die Genossenschaftsidee ab; es sei der falsche Weg, um das Los der Arbeiter zu bessern. Dass mehrere andere Produktionsgenossenschaften, etwa die der Bierbrauer in Hamburg, in dieser Zeit scheiterten, weil die Geschäftsführer in die eigene Tasche gewirtschaftet hatten, verschärfte das Imageproblem. „Die Zigarrensortierer blieben treu, die Tabakarbeiter aber zeichneten keine Anteile mehr", schildert Bösche die Situation. Hinzu kam, dass die Zigarren wegen der überdurchschnittlichen Löhne, die gezahlt wurden, relativ teuer waren. Der Absatz ging zurück, die Krise wurde existenzbedrohend, zumal gerade jetzt die Arbeiter weitere Lohnerhöhungen verlangten.

Doch von Elm meisterte die Probleme. Er setzte auf die immer mehr an Bedeutung gewinnenden Konsumvereine. Die waren gegründet worden, um die Arbeiter mit günstigen und hochwertigen Lebensmitteln und anderen Bedarfsgütern zu versorgen, die sie bei den ansässigen Krämern oft nicht bekamen. „Die Konsumvereine wurden langsam zum größten Kunden, die Krise war überstanden", erzählt Bösche. Nun kamen Jahre des Wachstums: Mehrere neue Fabriken entstanden, 1904 auch die an der Paulinenstraße. Die Genossenschaft zahlte den Mitgliedern ab 1901 sechs Prozent Zinsen, 1902 konnten 8,4 Millionen Zigarren abgesetzt werden.

Wie gut die Sache lief, lässt sich auch an den Löhnen ablesen. Während in der Branche durchschnittlich 592 Mark pro Jahr gezahlt wurden, erhielten die Hamburger Genossen 1212 Mark. Das Ende der Eigenständigkeit der Fabrik kam dann 1909, allerdings freiwillig. Die Fabriken wurden in die Groß-Einkaufs-Gesellschaft (GEG) eingegliedert. Dieser 1894 in Hamburg gegründete Zusammenschluss vieler deutscher Konsumvereine führte die Zigarrenfabrik erfolgreich weiter und hatte eine große Zukunft vor sich. Doch das ist eine andere Geschichte, die wir bereits in Geheimnis 05 erzählt haben.

Sven Kummereincke

....

So geht's zur Fabrik:

Sie befindet sich in der Paulinenallee 28.

Klaus Müller-Henneberg steht am Fuße der Burg, die seinen Vorfahren gehörte.

46

Märchenburg
Rittertraum im Miniaturformat

E s ist alles exakt so, wie Kinder eine Burg beschreiben würden: ein steiler Berg, ein hoher steinerner Turm, Zinnen, Schießscharten – und am Fuße der Burg läuft der Fluss entlang. Vielleicht ist es tatsächlich ein Stein gewordener Kindheitstraum, der mit diesem Bau erfüllt wurde, der so gar nicht an diesen Ort zu passen scheint. Irgendwie wirkt alles irreal. Denn wir befinden uns ja nicht an Rhein oder Mosel, sondern an der schmalen Alster, gleich neben der Poppenbütteler Schleuse. Der Berg ist eher ein Hügel, und die Burg sicherlich eine der kleinsten, die je gebaut wurden. „Es ist gewissermaßen eine Spielzeugburg. Eine Nachbildung der Burg der Grafen Henneberg in Thüringen en miniature." Der das sagt, muss es wissen – schließlich ist Klaus Müller-Henneberg ein Nachfahre des

167

Erbauers. Der 81-Jährige kennt die Burg und das benachbarte Herrenhaus seit Kindertagen.

Es war Albert Caesar Henneberg (1818-1896), der die Mini-Burg mit nur zwei kleinen Räumen 1884 bis 1887 errichten ließ. Also in der Zeit der Rückbesinnung aufs Mittelalter und die großen Romantiker. Während der bayerische König Ludwig II. mit Neuschwanstein sein riesiges Märchenschloss bauen ließ, fand er jedoch auch in bürgerlichen Kreisen Nachahmer – wenn auch ein paar Nummern kleiner.

„Es ist gewissermaßen eine Spielzeugburg.“

Mit viel Mühe wurde alles „auf alt getrimmt" – sogar künstliche Risse gab es, damit die Burg authentisch wirkt!

„Die Hennebergs stammen aus Wasserleben in Thüringen. Mit den Grafen Henneberg hat meine Familie aber nichts zu tun", erzählt Müller-Henneberg. „Auch wenn viele meiner Vorfahren versucht haben, eine Verbindung herzustellen", fügt er schmunzelnd hinzu.

Albert Caesar wurde in Hamburg als Sohn eines Postmeisters geboren. Nach einem Studium und einer landwirtschaftlichen Ausbildung arbeitete er als preußischer Beamter, wurde aber zunehmend unglücklich, weil er das Leben im Staatsdienst als einengend empfand. 1855 erwarb seine Familie das damals zu Schleswig-Holstein gehörende Gut Poppenbüttel vom Hamburger Reeder und Kaufmann Gustav Wilhelm Schiller. Der Landbesitz war mit gut 4000 Hektar gewaltig. „Doch mit der Landwirtschaft hatte es Albert wohl nicht so", erzählt Müller-Henneberg. Denn zwei Jahre später übernahm sein darin geschickterer Bruder Bruno das Gut, während Albert Caesar mit seiner Frau auf dem Herrensitz lebte. Dort ließ er nach englischem Vorbild einen großen Park anlegen und mit exotischen Pflanzen ausstatten. Der kleine Berg, auf dem dann die Burg errichtet wurde, ist künstlich. „Er wurde mit der Erde aufgeschüttet, die bei der Gestaltung der Parkanlage anfiel", sagt Klaus Müller-Henneberg.

Gewohnt hat in der Mini-Burg nie jemand, dafür wäre sie auch viel zu klein – zumindest bei gehobenen Ansprüchen. Der „große" Rittersaal misst keine 30 Quadratmeter. Er wurde als Familienarchiv und für die Münzsammlung genutzt. „Viel Land ist im Laufe der Jahrzehnte, als Poppenbüttel besiedelt wurde, verkauft worden", schildert der Nachfahre die weitere Entwicklung. 1930, mitten in der Weltwirtschaftskrise, gab die Familie das Gut ganz auf, behielt aber das Herrenhaus mit dem Park und der Burg, die jedoch zunehmend baufällig wurde, was auch am erodierenden Untergrund lag. Otto Henneberg (1905-1986) schaffte es, dass die Stadt Hamburg ihm 1942 die Burg und einen Teil des Parks abkaufte – obwohl sie mit der Immobilie nichts anzufangen wusste. „Mein Onkel Otto lebte, nachdem das alte Haus 1942 einer Bombe zum Opfer fiel, bis zu seinem Tod in einem Neubau, der jetzt der von ihm gegründeten Stiftung gehört", berichtet der Hamburger.

Die Burg aber rottete weiter vor sich hin, 1988 musste man sogar die Zufahrtsstraße sperren, weil Einsturzgefahr bestand. Der Abriss wurde schon diskutiert. Investor Herbert Hillebrand kaufte sie schließlich und restaurierte sie detailgetreu – in Absprache mit dem Denkmalamt, das die Burg 1991 unter Schutz stellte. „Der Mann war Burgensammler", erzählt Müller-Henneberg. „Jede seiner Töchter hat eine bekommen." Doch irgendwann traten wohl finanzielle Schwierigkeiten auf. Erst kaufte sie ein Hamburger Rechtsanwalt, 2014 dann Miriam und Jan Helge Hager, die die Burg und das große Grundstück direkt an der Alster seitdem für Konzerte, Lesungen, aber auch Wellness-Angebote nutzen.

Versteckt und verwunschen: die Burg, die wie einem Kindertraum entsprungen aussieht.

Dass sie einen direkten Zugang zur Alster haben, ist übrigens Otto Henneberg zu verdanken. Klaus Müller-Henneberg erzählt: „Als er 1942 an die Stadt verkaufte, hat er ausgehandelt, dass der Alsterwanderweg ans andere Ufer verlegt wird."

Sven Kummereincke

So geht's zur Märchenburg:

Den Ring 3 stadtauswärts fahren, bis in Poppenbüttel die Straße Marienhof links abgeht. Nach wenigen Metern kann man am Fuße der Burg parken.

47

Initialen

Die Hamburger und die Altonaer

E in *A* und ein *H*. Dazwischen ein Strich. Eingemeißelt in einen Stein, der im Straßenpflaster liegt. Millionen Füße sind hier, am Schulterblatt im Schanzenviertel, schon achtlos über ihn hinweggegangen. Den Stein nicht bemerkend und unwissend, dass sie in dem Moment, in dem sie die Linie übertreten, zugleich eine alte Grenzlinie überschreiten, „denn in dieser Straße verlief bis 1938 die Grenze zwischen den Städten Altona und Hamburg", erklärt Stadtführer Marc Müller, der von morgens bis abends unterwegs ist, um die verborgenen Winkel und Ecken der Hansestadt zu zeigen. Die Eingemeindung Altonas erfolgte im Rahmen des sogenannten „Groß-Hamburg-Gesetzes", das die Reichsregierung Hitler am 26. Januar 1937 erließ. Hamburg wurde um Gebiete aus den preußischen Nachbarkreisen und Städten erweitert. Zum 1. April 1938 wurden sie Teil Hamburgs. Preußen erhielt dafür einige hamburgische Exklaven, darunter Cuxhaven.

Dem Gesetz war ein langes Ringen vorangegangen, das seinen Ursprung in der Industrialisierung nahm, die zu einer Konkurrenzsituation zwischen Hamburg und den preußischen Städten geführt hatte. 1933 kam der Sache neue Bedeutung zu, man verfolgte sie nun mit Druck. Am 26. Januar 1937 wurde jenes Groß-Hamburg-Gesetz erlassen, wodurch das Land Hamburg mit Wirkung vom 1. April 1937 im Verlauf einer zwölf Monate andauernden Übergangsphase erweitert wurde.

„Es fällt auf, dass die Häuser auf der Hamburger Seite höher sind als die auf der Altonaer Seite. Daher glauben die Altonaer immer noch, die Hamburger schauten auf sie herab", schmunzelt Marc Müller. Wobei auch diejenigen, die in den höheren Hamburger Häusern wohnten, nicht allzu betucht waren: Die Gegend habe, von beiden Städten aus gesehen, jeweils am Rand gelegen, der Wohnraum war preiswert, „hier lebten hauptsächlich Hafenarbeiter und Walfänger".

Bis 1866, mehr als 200 Jahre lang, gehörte Altona zu Dänemark. In dieser Zeit wurden auch zahlreiche verfolgte Protestanten aus den spanischen Niederlanden, deutsche und portugiesische Juden und Mennoniten aufgenommen – aufgrund der liberalen

Marc Müller wagt's: Mit einem Bein in Hamburg, mit dem anderen in Altona.

Haltung, die die Stadt zu jeder Zeit hatte. „Altona verstand sich immer als sehr liberal und tolerant und bot Verfolgten Schutz", sagt Müller.

Irgendwie spürt man diesen offenen und toleranten Geist noch, wenn man durch die Straßen der früheren Stadt Altona geht.

Eva-Maria Bast

So geht's zu den Initialen:

In der Straße „Zum Schulterblatt" gibt es mehrere Grenzsteine. Sie befinden sich vor den Hausnummern 88, 92 und 98.

Jürgen Kinter steht auf der Treppe, die früher zur Kneipe des „Lord von Barmbeck" führte.

48 Kellereingang

Die baschen Brieten aus Barmbek

„In Barmbeck hab'n wir's geklaut / In Wandsbek hab'n wir's verstaut / An der Alster blüht der Flieder / und in Fuhlsbüttel sehen wir uns wieder! / O welch Last für den Beamtenstand / sind wir Brieten aus dem Barmbecker Land." Dieses Lied war in seiner plattdeutschen Version mal eine Art Nationalhymne Barmbeks. Zwei Begriffe sind vielleicht erklärungsbedürftig: Mit Fuhlsbüttel ist nicht der Stadtteil, sondern das dortige Gefängnis gemeint; und Brieten haben rein gar nichts mit den Briten zu tun – der Begriff ist dem französischen „brute" (brutal, roh) entlehnt. Ja, früher hatten die Barmbeker einen schlechten Ruf, und darauf entwickelten sie durchaus einen gewissen Stolz. Jürgen Kinter arbeitet in der Geschichtswerkstatt Barmbek und kennt sich also bestens aus mit den „Brieten". Er steht an einer Kellertreppe an der Ecke Bartholomäusstraße/Beim Alten Schützenhof. Die führte früher zu einer Kneipe, in der ein Mann sein „Hauptquartier" hatte, der wie kein zweiter den „Barmbecker Brieten" verkörperte.

„Dort verkehrte Julius Adolf Petersen, besser bekannt als der Lord von Barmbeck", sagt Jürgen Kinter. Petersen war schon zu Lebzeiten eine Legende, seine Geschichte ist verfilmt, im Theater aufgeführt und immer wieder erzählt worden. Deshalb sei sein Leben hier in Kurzform geschildert. Geboren 1882, organisierte er von der Kellerkneipe aus, die offiziell seinem Bruder gehörte, ab 1904 Einbrüche und Überfälle. Seine Bande soll zeitweise bis zu 200 Mitglieder gehabt haben. „Lord wurde er genannt, weil er zum einen immer sehr schick gekleidet war, und zum anderen, weil er die Ganovenehre hochhielt", berichtet Jürgen Kinter. So soll er die Familien der geschnappten Bandenmitglieder finanziell unterstützt haben – er hatte ein Robin-Hood-Image. Jürgen Kinter: „Es mag sein, dass er ab und zu den Armen etwas zukommen ließ, aber das Gros landete natürlich in seiner Tasche." Doch schnell sei ein Mythos entstanden, der ihm die Sympathien und die Solidarität zumindest von Teilen der Bevölkerung einbrachte. Dennoch landet er

Das Haus des „Lords" wurde 1867 erbaut und ist das älteste erhaltene Mietshaus im Stadtteil.

immer wieder im Gefängnis, und ab 1921 sitzt er bis 1933 in Fuhlsbüttel. Kaum entlassen, wird er sofort rückfällig und erneut verhaftet. „Weil ihm klar war, dass er nun, als die Nazis an der Macht waren, nie wieder freikommen würde, hat er sich in seiner Zelle erhängt", schildert Kinter das Ende des „Lords".

Da Petersen also wirklich ein Schwerkrimineller war, hat er sicherlich dazu beigetragen, dass der Ruf der Barmbeker bei den anderen Hamburgern so schlecht war. „Dabei reicht das schon viel länger zurück", weiß der gebürtige Baden-Württemberger, der seit fast einem halben Jahrhundert im Norden lebt. Schon im 19. Jahrhundert nannte man die Barmbeker „basch" – ein niederdeutscher Ausdruck für derb oder rau. „Der Legende nach soll die Tochter eines Bauern, die auf eine Schule im vergleichsweise feinen Uhlenhorst ging, ein Pausenbrot mit

Spinnen gegessen haben." Die anderen Mädchen hätten ausgerufen:
„Igitt. Barmbek basch!"
Der Begriff setzte sich jedenfalls durch, in Barmbek bekam er eine durchaus positive Bedeutung. Ein hübsches Mädchen wurde dann zur „baschen Deern". Vor allem die Kinder und Jugendlichen bemühten sich aber auch, ihrem schlechten Ruf gerecht zu werden. Es gibt unzählige Kindheitserinnerungen, in denen „Kriegszüge" und „Schlachten" mit Banden von benachbarten Stadtteilen geschildert werden.

„Lord wurde er genannt, weil er zum einen immer sehr schick gekleidet war, und zum anderen, weil er die Ganovenehre hochhielt."

„Doch das gab es woanders auch, und es war längst nicht so dramatisch, wie es sich anhört", sagt Kinter. Man habe sich zwar mit Stöcken bewaffnet, doch ernsthafte Verletzungen seien sehr selten gewesen. Ein unbekannter Barmbeker erzählt in seinen Erinnerungen an die 20er-Jahre von Zügen mit 40, 50 Jungs nach „Klein-Asien" und „Marokko" – so wurden die Jarrestadt in Winterhude und die neuen Siedlungen auf dem Dulsberg genannt. Fremd und weit weg eben aus Sicht eines Kindes.

Während der Begriff der Brieten heute fast vergessen ist, hielt sich „basch" allerdings bis in die Gegenwart und erlebt sogar eine kleine Renaissance. So nennt sich das 2010 gegründete Community Center, das mehrere kirchliche, private und staatliche Einrichtungen gemeinsam betreiben, „Barmbek Basch". Und das 1867 erbaute Haus, in dem die Kneipe von Julius Adolf Petersen war, wurde renoviert und erweitert. Der Eigentümer vermarktet die Wohnungen unter dem Projektnamen „Lord von Barmbeck".

Sven Kummereincke

So geht's zum Kellereingang:

Das Haus befindet sich an der Ecke Bartholomäusstraße/Beim Alten Schützenhof.

174

Nicola Janocha betrachtet das Relief, das an die Schiffszimmerergenossenschaft erinnert.

49

Spruch
Gemeinsam sind sie stark

W ie meinen? An diesem Haus Ecke Rademachergang/
Breiter Gang steht: *Een alleen stüürt keen Noot, aver to
hoop slaat wi den Düvel doot.* „Das ist Platt und bedeutet: Einer allein kann nicht so viel tun, aber gemeinsam
schlagen wir den Teufel tot", schmunzelt Stadtführerin Nicola Janocha,
die mit großer Freude in ihrer Stadt auf Tour geht, um die vielen kleinen Dinge zu entdecken, die Hamburg zu bieten hat und hinter denen
so spannende Geschichten stehen. „Das drückt den Gedanken aus, der
Motor für die Gründung vieler Genossenschaften im 19. Jahrhundert

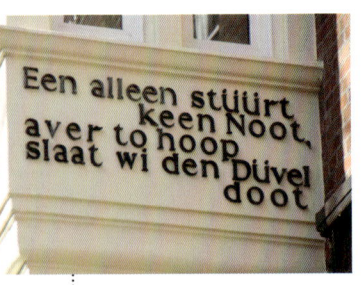

war: Gemeinsam ist man stärker als allein", erklärt sie. Der Spruch befindet sich am Erker des Memel-Hauses, an dem auch ein Relief angebracht ist, das den Schiffsbau zeigt. Und in der Tat geht es um die am 18. November 1875 gegründete Schiffszimmerergenossenschaft. Das Memel-Haus, sagt Nicola Janocha, sei von selbiger gebaut worden. „Diese Gründung stand mit der technischen Entwicklung im 19. Jahrhundert im Zusammenhang", erklärt die Stadtkennerin.

„Hamburg war damals noch nicht so bekannt für Schiffsbau. Es wurden zwar auch damals schon Schiffe gebaut, aber traditionelle Holzschiffe." In jener Zeit habe sich besonders England im Schiffsbau hervorgetan. „Die bauten nämlich Eisen- und Stahlschiffe, und die Kaufleute fanden die besser und sicherer." Die Konkurrenz habe den Hamburger Schiffszimmerern schwer zu schaffen gemacht. Zudem erhielten die Arbeiter einen Lohn, der vom Unternehmer festgesetzt wurde. Dieser Willkür wollte man entgehen. „Getreu ihrem Motto: Einer allein kann nicht so viel tun, aber gemeinsam schlagen wir den Teufel tot, schlossen sie sich zu einer Genossenschaft zusammen", merkt Nicola Janocha an. „Diese Genossenschaft widmete sich zunächst dem Ankauf und Betrieb von Schiffswerften." Was aber hat das alles mit dem Memel-Haus zu tun? Und warum heißt es überhaupt „Memel-Haus"? „In der Stadt Memel, die heute Klaipėda heißt und in Litauen liegt, haben sie ihre erste Werft gekauft und diese vermietet", erklärt die Stadtführerin. Daher komme auch der Name des Gebäudes. „Es soll einfach die Verbundenheit mit Memel ausdrücken, wo all das mal losging."

Das benötigte Kapital für den Ankauf der Werften wurde unter anderem auch über eine in der Genossenschaft eingeführten Steuer, die sogenannte Zehn-Pfennig-Steuer, aufgebracht, die jeder Arbeiter bezahlen musste.

1889 kam die Schiffszimmerergenossenschaft dann auf die Idee, nicht nur Schiffe zu bauen, sondern auch Wohnungen für ihre Mitglieder. „Die hausten teilweise noch in den Gängevierteln", sagt Nicola

Janocha. „Da lebten die Ärmsten der Armen in Häusern, die sich in endlosen Gängen aneinanderreihten. „Die Gängeviertel sind ja ziemlich groß gewesen, der bekanntere Teil verlief da, wo sich heute die Mönckeberg- und die Steinstraße befinden", erläutert sie. „Aber es erstreckte sich wirklich bis hier hin." Nach der großen Cholera-Epidemie 1892 sei das Gängeviertel dann zum Sanierungsgebiet erklärt worden. Die Satzung der Genossenschaft wurde geändert und lautete nun: „Ankauf und Betrieb oder Vermietung von Schiffswerften und anderen Grundstücken für gemeinschaftliche Rechnung".

„Getreu dem Motto: Einer allein kann nicht so viel tun, aber gemeinsam schlagen wir den Teufel tot, schlossen sie sich zu einer Genossenschaft zusammen."

Man habe damals Mehrfamilienhäuser in schlechtem Zustand gekauft und saniert, sagt Janocha. „Das erste Gebäude, in dem sich diese Wohnungen befanden, steht leider nicht mehr", bedauert die Stadtführerin. „Das war an den Landungsbrücken. Aber das Memel-Haus, das steht noch." Ach, und übrigens: An seiner Ecke streckt ein kleiner Junge – als Bronzefigur – dem Wasserträger auf dem gegenüberliegenden Platz seinen nackten Po hin. Sie wissen schon: Hummel Hummel, Mors, Mors.

Eva-Maria Bast

So geht's zum Spruch:

Er ist am Memel-Haus angebracht. Dieses steht an der Ecke Rademachergang/Breiter Gang. Der Spruch befindet sich an dem Erker, der dem Rademachergang zugewandt ist.

Sozialer Wohnungsbau heißt:
Ohne Gewinnabsicht bauen

Erich Klabunde

Das Zitat Erich Klabundes steht seit 1952 an der Hauswand.

50

Inschrift

Das uralte, moderne Zitat

D er Satz, der da groß und deutlich an der Hauswand steht, ist wunderbar kurz und eindeutig in seiner Aussage: *Sozialer Wohnungsbau heißt: Ohne Gewinnabsicht bauen.* Nun könnte man auf die Idee kommen, jemand hätte ihn gerade in Ottensen, dem Schanzenviertel oder St. Georg an eine Wand gesprüht, um gegen zu hohe Mieten, Gentrifizierung und Wohnungsnot zu protestieren. Weit gefehlt: Der Satz steht an einer Hauswand an der Fährstraße in Wilhelmsburg, und das seit mehr als 60 Jahren, angebracht mit Metall-Lettern in etwa zehn Metern Höhe, und auch der Urheber des Zitats ist genannt: Erich Klabunde (1907-

1950). Der Berliner, der mit 19 Jahren nach Hamburg kam, war gelernter Bankkaufmann, studierte dann diverse Fächer (ohne Abschluss), wurde Journalist, schließlich Politiker und gilt als einer der Väter des sozialen Wohnungsbaus. „Was er in nur fünf Jahren nach dem Kriegsende 1945 leistete, das darf man wirklich als atemberaubend bezeichnen", sagt Holger Martens. Der Historiker ist Klabunde-Experte und Autor einer Kurz-Biografie über den heute weitgehend vergessenen Sozialdemokraten.

Der Historiker und Klabunde-Biograf Holger Martens vor dem 1952 erbauten Haus mit dem Zitat.

Gerade in Hamburg angekommen, trat Klabunde 1926 der SPD bei. Neben seinem eher planlosen Studium volontierte er 1927 beim „Hamburger Anzeiger", der damals zur auflagenstärksten Zeitung der Stadt geworden war. „Er bezeichnete den Journalismus als seine große Leidenschaft, die er aber nach der Machtübernahme der Nationalsozialisten 1933 aufgeben musste", erzählt Martens. Nach einem einjährigen Beschäftigungsverbot schlug er sich als Wirtschaftsprüfer durch und wurde Geschäftsführer des „Verbandes Deutscher Nähmaschinenhändler". Ab 1939 arbeitete er für verschiedene Wohnungsbauverbände, bevor er in die „Organisation Todt" eingezogen wurde – eine berüchtigte Gruppe, die für Bauarbeiten in den von Deutschland besetzten Ländern zuständig war. Sie war auch für den Bau des Atlantikwalls (mit dem eine alliierte Invasion verhindert werden sollte) und von U-Boot-Bunkern verantwortlich, erstellte V2-Abschussrampen, verlegte Industriebetriebe unter Tage, baute aber auch Luftschutzkeller für die Zivilbevölkerung. Dabei wurden massenweise Zwangsarbeiter eingesetzt, von denen Zigtausende zu Tode kamen. „Welche Rolle Klabunde dabei spielte, lässt sich leider nicht klären. Ich habe keine Akten, Hinweise oder Zeugenaussagen finden können", erläutert Martens. Er kann sich aufgrund von Klabundes Biografie und seiner schnellen Nachkriegskarriere unter britischer Besatzung nicht vorstellen, dass Klabunde an Nazi-Verbrechen beteiligt war. Martens:

„Aber letztlich bleibt das alles Spekulation, solange keine Fakten vorliegen." Nach Kriegsende 1945 jedenfalls leistete der gerade 38-Jährige in seinen nur noch fünf verbleibenden Lebensjahren Erstaunliches, denn er baute an entscheidender Stelle sowohl die Wohnungswirtschaft als auch die SPD und den Deutschen Journalistenverband (DJV) auf.

Klabunde begann schon 1945 mit der Organisation eines Berufsverbandes der Hamburger Journalisten, baute dann eine norddeutsche Organisation auf und wurde 1949 in Berlin erster Bundesvorsitzender des DJV, der noch heute die wichtigste Berufsvertretung ist. „Parallel schuf er den Verband Gemeinnütziger Wohnungsunternehmen, erst im Norden, dann für alle westlichen Besatzungszonen", erläutert Martens. Auch hier war er als Geschäftsführer an führender Stelle tätig. In der Politik schließlich war er ab 1946 sowohl Mitglied der ersten Hamburgischen Bürgerschaft nach dem Krieg als auch Mitglied des Ersten Deutschen Bundestages, in den er 1949 über die Landesliste der Hamburger SPD gewählt wurde.

„Was er in nur fünf Jahren nach dem Kriegsende 1945 leistete, das darf man wirklich als atemberaubend bezeichnen."

„Dort blieb ihm zwar nur noch ein Jahr, doch das nutzte er, um seinen großen Coup zu landen. Denn kein Thema beschäftigte ihn so wie die dramatische Wohnungsnot in Deutschland", schildert Holger Martens. Durch den Krieg waren gut 40 Prozent aller westdeutschen Wohnungen zerstört oder schwer beschädigt – verschärft wurde die Situation durch Millionen Flüchtlinge. Für Klabunde war klar, dass nur Baugenossenschaften und ein staatlich stark gefördertes Wohnungsbauprogramm Abhilfe schaffen könnten. „Dabei lehnte er privatwirtschaftliches Bauen keineswegs ab – er sah nur deutlich, dass mangels Eigenkapital die Leistungsfähigkeit gering war. Außerdem wollte er nicht nur Wohnungen, sondern *bezahlbare* Wohnungen schaffen", sagt Martens.

Schon vor dem Krieg hatte er entsprechende Überlegungen angestellt. Jetzt, nach der Gründung der Bundesrepublik, der Einführung der D-Mark und dem Start des Marshall-Plans (mit Geld und Sachleistungen wollten die USA die westeuropäische Wirtschaft wieder ankurbeln), sah er die Stunde für seine Ideen gekommen. Und die stießen im Bundestagsausschuss für Wohnungswesen auf offene Ohren. Das „Erste Wohnungsbaugesetz von 1950" trug deutlich seine Handschrift – obwohl er Oppositionspolitiker war, denn die SPD war an der Regierung des ersten Bundeskanzlers Konrad Adenauer (1876-1967) nicht beteiligt. Martens: „Er muss sehr überzeugend argumentiert haben, denn die Mehrheit hielt ursprünglich nicht viel von seinen Ideen." Und so war es wohl der Höhepunkt seines beruflichen Lebens, als das Gesetz verabschiedet wurde. Erstaunlicherweise übrigens fast einstimmig.

Das Gesetz sah zinslose staatliche Kredite vor, vergünstigtes Bauland und Steuerermäßigungen. Im Gegenzug wurde die Miete begrenzt, sie sollte nur die tatsächlichen Kosten erbringen und die Instandhaltung ermöglichen. Es wurde also tatsächlich „ohne Gewinnabsicht" gebaut.

Den Erfolg des Gesetzes erlebte Klabunde nicht mehr. Bei einer Sitzung des Rundfunkrates des Nordwestdeutschen Rundfunks (auch dem gehörte er an) erlitt er am 18. November 1950 einen Hirnschlag – „infolge Überarbeitung in jungen Jahren", wie „Die Zeit" bemerkte. „In der Tat hatten ihm Ärzte mehrfach dringend geraten, kürzer zu treten. Doch er war, was man heute einen workaholic nennen würde", sagt Martens.

Sein Vermächtnis sind die mehr als fünf Millionen Wohnungen, die bis 1960 in der Bundesrepublik gebaut wurden. Auch die an der Fährstraße in Wilhelmsburg, wo sein altes Zitat so modern daherkommt. Gebaut hat es die Süderelbe-Baugenossenschaft 1952 – und verewigte so den Vater des sozialen Wohnungsbaus.

Sven Kummereincke

So geht's zur Inschrift:

Das Haus steht an der Ecke Fährstraße/Weimarer Straße.

Quellen, Literatur, Bildnachweis

Alster Canoe-Club: „100 Jahre Alster Canoe-Club". Festschrift 2005.

Backstein-Expressionismus. URL: http://www.backstein.com/de/fritz-hoger-preis/fritz-hoger-preis-2008/genialitat-und-hand werkskunst-mit-backstein/6_393.html. Abgerufen am 13.06.2016.

Bahnsen, Uwe: „Vor 150 Jahren wurde die ‚Austria' zur Todesfalle". In: WELT am SONNTAG vom 31.08.2008. URL: http://www.welt.de/wams_print/article2375559/Vor-150-Jahren-wurde-die-Austria-zur-Todesfalle.html. Abgerufen am 15.06.2016.

Behr, Karin von: „Heinrich Ohlendorff". In: Hamburgische Biografie - Personenlexikon. Band 2. Hamburg 2001.

Beneke, Otto: Hamburgische Geschichten und Sagen. Hamburg 1999, S. 38 ff., 374 ff.

Bösche, Burchard; Korf, Jan-Frederik: Chronik der deutschen Konsumgenossenschaften. Zentralverband deutscher Konsumgenossenschaften. Hamburg 2003.

Braker, Simon: Das Reiterstandbild zu Ehren von Kaiser Wilhelm I. und die Flaggenmasten auf dem Rathausmarkt. Exposé des Denkmalvereins Hamburg, Hamburg 2005.

Brockhaus, der Große, Band 11. 16. Auflage, Wiesbaden 1957, S. 23.

Bucciarelli, Piergiacomo: Fritz Höger. Hanseatischer Baumeister 1877–1949. Berlin 1992.

Deutsche AIDS-Stiftung: „Denkraum. Namen und Steine". URL: https://aids-stiftung.de/infos-über-die-stiftung/die-stiftung/namen-und-steine. Abgerufen am 29.05.2016.

Elm, Adolph von: Geschichte der Tabakarbeitergenossenschaft – ein Lehrstück. Heinrich-Kaufmann-Stiftung (Hrsg.). Norderstedt 2012.

Falke, Ursula: „Sophie Dorothea Gräfin von Wilhelmsburg". In: Museum Wilhelmsburg. de. URL: http://www.museum-wilhelmsburg. de/index.php/geschichte/sophie-dorothea-graefin-von-wilhelmsburg/teil-1.html. Abgerufen am 03.06.2016.

Familienchronik der Hennebergs. Privat und unveröffentlicht.

Fischer, Manfred F.: „Höger, Fritz". In: Hamburgische Biografie, Band 3. Göttingen 2006, S. 169-171.

Funke, Hermann: Zur Geschichte des Mietshauses in Hamburg. Hamburg 1974.

Gerste, Ronald: „Held zweier Welten". In: DIE ZEIT vom 18. 07.2013. URL: http://www.zeit.de/2013/29/marquis-de-lafayette. Abgerufen am 08.06.2016.

Geschichtsspuren: „Industrie – Kraftwerke – Bergbau". URL: http://www.geschichts spuren.de/artikel/-industrie-kraftwerke-bergbau/75-harburg-bergwerk-robertshall. html. Abgerufen am 27.05.2016.

Göbel, Walter: Industrielle Revolution und Soziale Frage. Stuttgart/Dresden 1990, S. 101, 116.

Goethe, Johann Wolfgang von: „Faust II". In: Hamburger Ausgabe in 14 Bänden, Bd. 3, 10. Auflage, München 1976, S. 346.

Gretzschel, Matthias: „Vom Himmel auf Zeit zur Hölle auf Erden". In: Hamburger Abendblatt vom 24. März 2010. URL: http://www.abendblatt.de/hamburg/article107668191/Vom-Himmel-auf-Zeit-zur-Hoelle-auf-Erden.html. Abgerufen am 08.06.2016.

Haarmeyer, Jan: „ ‚Alter Schwede' – der Koloss aus der Kälte". In: Hamburger Abendblatt vom 16.09.2009. URL: http://www.abendblatt.de/hamburg/article11 2392364/Alter-Schwede-der-Koloss-aus-der-Kaelte.html. Abgerufen am 12.06.2016.

Hamburg.de. „Övelgönne. Alter Schwede". URL: http://www.hamburg.de/geotourismus-

geologie/144844/alter-schwede-altona/.
Abgerufen am 29.05.2016.

Hamburger Abendblatt vom 25. 11. 1989:
„Acht Kilometer Vergangenheit".

Hamburger Abendblatt vom 13.08.2013:
„Hamburgs erste Adresse".

Hamburger Künstlerfeste: „Hans Leip und
die Hamburger Künstlerfeste", Katalog zur
Ausstellung in der Staatsbibliothek, 1993.

Hamburger Nachrichten: Morgenausgabe
14.10.1932.

Hamburgwasser: „Geschichte der
Trinkwasserversorgung und
Abwasserbeseitigung in Hamburg". URL:
http://www.hamburgwasser.de/geschichte.
html. Abgerufen am 22.05.2016.

Harms, Hans; Kunze, Ronald u. Schubert,
Dirk: Die Baugenossenschaften in Harburg-
Wilhelmsburg. Harburg 1994.

Hohlbein, Hartmut (Hrsg.): Vom Vier-
Städte-Gebiet zur Einheitsgemeinde. Altona,
Harburg-Wilhelmsburg, Wandsbek gehen in
Groß-Hamburg auf. Landeszentrale für
Politische Bildung. Hamburg 1988.

Kähler, Gert; Schürmann, Sandra: Spuren
der Geschichte. Arbeitsheft 5 der HafenCity
GmbH, Neuauflage 2010, S.99. URL: http://
www.hafencity.com/upload/files/files/
Arbeistheft5_Historie_FINAL_inkl_Titel.
pdf. Abgerufen am 28.06.2016.

Kinter, Jürgen; Stern, Manfred: Barmbek –
100 Jahre Hamburger Stadtteil,
Geschichtswerkstatt Barmbek, 1992.

Kulturwege in Forst (Lausitz): „160 Stufen
und zwei Leitern bis nach oben – Der
Wasserturm in Forst (Lausitz) ist 110 Jahre
alt". URL: http://www.kultur wege-forst
lausitz.de/aktuelles-31962.php. Abgerufen
am 03.06.2016.

Kummereincke, Sven: „Die legendäre
Alsterburg entpuppt sich als Phantom". In:
Hamburger Abendblatt vom 13.12.2014.
URL: http://www.abendblatt.de/hamburg/
article135326033/Die-legendaere-
Alsterburg-entpuppt-sich-als-Phantom.html.

Abgerufen am 08.06.2016.

Lange, Ralf: „Patronin der Speicherstadt". In:
Quartier 06, Juni–August 2009, S. 6 f. URL:
http://quartier-magazin.com/quartier06/
patronin-der-speicherstadt. Abgerufen am
15.06.2016.

Laur, Wolfgang: Die Orts- und
Gewässernamen der Freien und Hansestadt
Hamburg. Neumünster 2012.

Lehr, Helene: Sophia Dorothea. Die
verhängnisvolle Liebe der Prinzessin von
Hannover. München 1994.

Leitner, Thea: Skandal bei Hof.
Frauenschicksale an europäischen
Königshöfen. 4. Aufl. München/Zürich 1997,
S. 11-76.

Looks, Volker: Die Alster, der Fluss und die
Stadt. Hamburg 2012.

Markert, Margret; Meinicke, Torsten: Neuhof
– vom Verschwinden eines Ortes. Hamburg
1995.

Markert, Margret: Hamburgs große Elbinsel.
Hamburg 2013.

Martens, Holger: Hamburgs Weg zur
Metropole. Von der Groß-Hamburg-Frage
zum Bezirksverwaltungsgesetz. Beiträge zur
Geschichte Hamburgs, Bd. 63. Verein für
Hamburgische Geschichte. Hamburg 2004.

Martens, Holger: „Erich Klabunde und das
erste Wohnungsbaugesetz von 1950". In:
Miteinander geht es besser. Beiträge zur 1.
Tagung zur Genossenschaftsgeschichte
(2006). Norderstedt 2011.

Melhop, M.: Alt-Hamburgische Bauweise:
kurze geschichtliche Entwicklung der
Baustile in Hamburg dargestellt am
Profanbau bis zum Wiedererstehen der Stadt
nach dem großen Brande von 1842 nebst
ortskundlichen und lebensgeschichtlichen
Angaben. Hamburg 1972.

Mlynek, Klaus u. Röhrbein, W. (Hrsg.):
Geschichte der Stadt Hannover, Bd.1.
Hannover 1992, S. 148.

Montblanc: „Geschichte". URL: http://www.

montblanc.com/de-de/discover/history.html. Abgerufen am 02.01.2016.

msv-schroederstift.de. Abgerufen am 08.06.2016.

NDR: „Altona dänisch". URL: http://www.ndr.de/kultur/geschichte/Vom-daenischen-Dorf-zum-Hamburger-Szeneviertel, altona350.html. Abgerufen am 26.02.2016.

NDR: „Planten un Blomen". URL: http://www.ndr.de/kultur/geschichte/schauplaetze/plantenunblomen198_page-2.html. Abgerufen am 27.05.2016.

Pabel, Reinhold: Hamburger Kultur-Karussell zwischen Barock und Aufklärung. Wachholtz Verlag 1996, S. 33 („Von der Ehrlichkeit").

Planten un Blomen. Der Park. Geschichte und Entwicklung. URL: http://plantenunblomen.hamburg.de/der-park/. Abgerufen am 27.05.2016.

Portalwechsel. URL: https://johannis-goettingen.wir-e.de/kirche. Abgerufen am 01.07.2016.

Portalwechsel. URL: http://www.brunnenturmfigur.de/index.php?cat=Portal%20und%20Kapitell&page=MD_Kloster. Abgerufen am 19.08.2016.

Preis-Liste von Julius Grossmann, Hamburg 1899. (Sammlung Georg Schulz, Privatbesitz).

Radach, Günther: Barmbeck basch. Eine Erinnerung an vergangene Zeiten. Hamburg 1996.

Rasquin, Gerd: private Website Blohms Park. URL: http://hornertv.tripod.com/blohm.htm. Abgerufen am 09.06.2016.

Rebaschus, Matthias: „In der Elbe liegt Europas größter Findling". In: Hamburger Abendblatt vom 21.09.1999: URL: http://www.abendblatt.de/archiv/1999/article204675349/In-der-Elbe-liegt-Europas-groesster-Findling.html. Abgerufen am 29.05.2016.

Rebaschus, Matthias: „Alter Schwede": Das

hat er alles erlebt. In: Hamburger Abendblatt vom 06.06.2000. URL: http://www.abendblatt.de/archiv/2000/article204276531/Alter-Schwede-Das-hat-er-alles-erlebt.html. Abgerufen am 29.05.2016.

Rebaschus, Matthias: „Ein Haus wie anno 1904". In: Hamburger Abendblatt vom 20.10.2007. URL: http://www.abendblatt.de/hamburg/article107337818/Ein-Haus-wie-anno-1904.html. Abgerufen am 28.08.2016.

Reincke, Heinrich: „Amsinck". In: Neue Deutsche Biographie (NDB). Band 1. Berlin 1953, S. 261 f. (Digitalisat).

Reinstorff, Ernst: Geschichte der Elbinsel Wilhelmsburg: Vom Urbeginn bis zur Jetztzeit. Zukunft Elbinsel Wilhelmsburg e. V. (Hrsg.) Hamburg 2003.

Rohwetter, Markus: „Der Federführer". In: ZEIT ONLINE. URL: http://www.zeit.de/2015/30/montblanc-chef-jerome-lambert-luxus-was-bewegt. Abgerufen am 21.06.2016.

Röhrich, Lutz: „Schwede". In: Lexikon der sprichwörtlichen Redensarten, Band 4. Freiburg 2010, S. 1438 f.

Schiffszimmerer.de: „Geschichte". URL: https://www.schiffszimmerer.de/ueber-uns/geschichte.html. Abgerufen am 06.06.2016 .

Schmidt-Eppendorf, Peter: „Der Papst auf der Mauer". In: Spurensuche im Norden, o.O., o.J., S. 16 ff.

Schuller, Alexander: Sturmflut über Hamburg. Die Nacht, in der eine Stadt ertrank – Ein Tatsachenroman. Hamburger Abendblatt Edition, Hamburg 2012.

Schütte, Gisela: „Angebrannt, gelöscht, angefressen, gerettet". In: DIE WELT vom 07.07.2006. URL: http://www.welt.de/print-welt/article227792/Angebrannt-geloescht-angefressen-gerettet.html. Abgerufen am 06.03.2016.

Sewig, Claudia: „Von Pfeffersäcken und hochmütigen Krämern". In: Hamburger Abendblatt vom 25.04.2002. URL: http://www.abendblatt.de/hamburg/article1068 04277/Von-Pfeffersaecken-undhochmuetigen-Kraemern.html. Abgerufen am 05.04.2016.

Stahncke, Holmer: Altona. Geschichte einer Stadt. Hamburg 2014.

St. Annenkirchhof. URL: http://www.mein-altes.hamburg/dom-kirchen-kapellen-klöster/st-annen. Abgerufen am 29.06.2016.

Stern: 100 Jahre Montblanc. URL: http://www.stern.de/wirtschaft/news/100-jahre-montblanc-chronik-eines-gipfelstuermers-3493320.html. Abgerufen am 20.01.2016.

Sternschanze.net: „Schulterblatt". URL: http://www.sternschanze.net/location/schulterblatt-233/. Abgerufen am 24.06.2016.

Stier, Juliane; Croÿ P.: 1793–1993. Sloman Hamburg – 200 Jahre Reederei. Hamburg 1993.

St. Jacobi: „Westportal". URL: http://www.ekd.de/kirchenapp/download/jacobi_low_22022015.pdf, S. 24 f., 30 f., 36 f. Abgerufen am 13.06.2016.

Streit's. URL: http://streits.de/uber-streits/. Abgerufen am 13.06.2016.

Suchowa, Kay-Peter: Grabungsbericht. Hamburg 2015.

Uhe, Nadine: „Der Duft, der die Welt bedeutet". In: Hafenblick. Magazin für die Speicherstadt, Hafencity & Elbufer. Februar 2004, S. 14-16.

Vacano, Wolfgang: Restaurierung des Nobistorpfeilers. Altonaer Stadtarchiv 2008.

Weishaupt, Georg: Montblanc – Lebenszeitbegleiter für den reisenden Geschäftsmann. URL: http://www.handelsblatt.com/unternehmen/handel-konsum-gueter/montblanc-lebenszeitbegleiter-fuer-den-reisenden-geschaeftsmann/13406480.html. Abgerufen am 21.06.2016.

Wiese, H; Bölts, J.: Rinderhandel und Rinderhaltung im nordwesteuropäischen Küstengebiet vom 15. bis zum 19. Jahrhundert. Stuttgart 1966, S. 67, 69 f.

Wikipedia: „Chatham Islands". URL: https://de.wikipedia.org/wiki/Kolonisierung_der_Chatham_Islands. Abgerufen am 31.05.2015.

Wikipedia: „Deutsche Colonisation-Gesellschaft". URL: https://de.wikipedia.org/wiki/Deutsche_Colonisation-Gesellschaft. Abgerufen am 05.06.2016.

Wikipedia: „Groß-Hamburg-Gesetz". URL: https://de.wikipedia.org/wiki/Groß-Hamburg-Gesetz. Abgerufen am 02.01.2016.

Wikipedia: „Poggenmühlenbrücke". URL: https://de.wikipedia.org/wiki/Wandrahm. Abgerufen am 28.06.2016.

Wikipedia: „Sloman Neptun Schifffahrts AG". URL: https://de.wikipedia.org/wiki/Sloman_Neptun_Schiffahrts_AG. Abgerufen am 07.03.2016.

Wikipedia: „Wasserturm Hamburg-Lokstedt". URL: https://de.wikipedia.org/wiki/Wasserturm_Hamburg-Lokstedt. Abgerufen am 22.05.2016.

Wunder, Olaf: „14. Januar 1913 – Der Tag, an dem der Montblanc-Stern aufgeht". In: Hamburger Morgenpost. URL: http://www.mopo.de/hamburg/14--januar-1913-der-tag--an-dem-der-montblanc-stern-aufgeht-10828544. Abgerufen am 21.06.2016.

Bildnachweis:

S. 152: Hauptkirche St. Jacobi. Fotograf: Hagen Wehrend.

S. 191, Covermotiv Women's History rot: Erich Correns [Public domain], via Wikimedia Commons.

S. 191, Covermotiv Women's History lila: Franz Xaver Winterhalter [Public domain], via Wikimedia Commons.

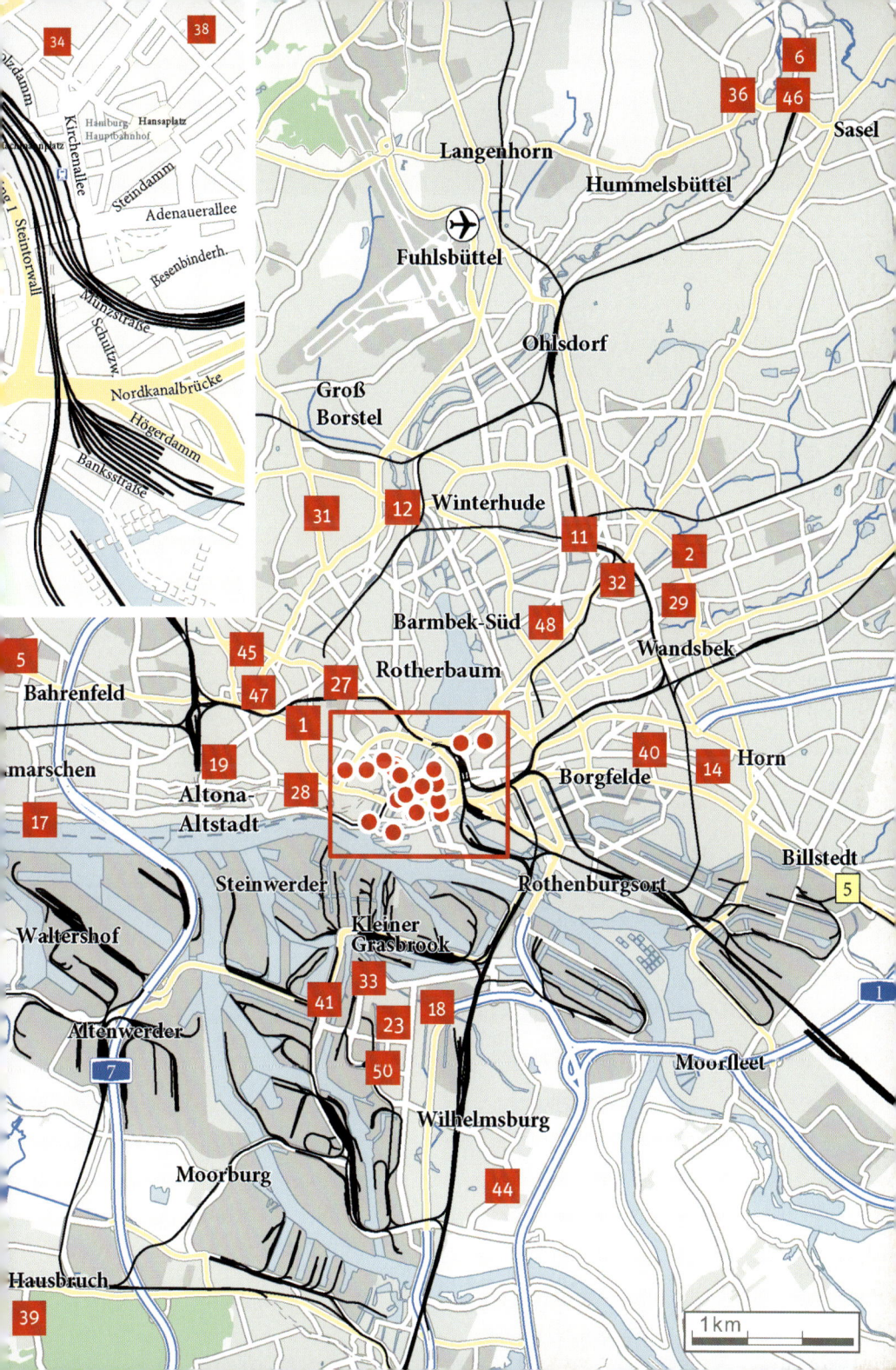

Hamburg Hauptbahnhof
Hansaplatz

Kirchenallee
Steindamm
Adenauerallee
Besenbinderh.
Münzstraße
Schultzw.
Nordkanalbrücke
Högerdamm
Banksstraße
Steintorwall

34
38

6
36 **46**

Langenhorn
Hummelsbüttel
Sasel

Fuhlsbüttel

Ohlsdorf

Groß
Borstel

31 **12** Winterhude

11
2
32
29

Barmbek-Süd **48**
Rotherbaum
Wandsbek

5
Bahrenfeld
45
47
27
1
Altona-
Altstadt
19
28
40
14 Horn
Borgfelde

17
marschen

Billstedt
5

Steinwerder
Rothenburgsort

Waltershof
Kleiner
Grasbrook
33
41
23 **18**
1

Altenwerder
50
Moorfleet

7
Wilhelmsburg

Moorburg

44

Hausbruch
39

1 km

SIE WOLLEN NOCH MEHR ÜBER

WISSEN?

....

Hier gibt es sachkundige Informationen:

Archäologisches Museum Hamburg
Museumsplatz 2 | 21073 Hamburg
Telefon: 040 / 428713693
Homepage: www.amh.de
Öffnungszeiten: Di.-So. 10-17 Uhr

Genossenschaftsmuseum Hamburg
Besenbinderhof 60 (11. Stock)
20097 Hamburg
Telefon: 040 / 28003050
E-Mail: info@kaufmann-stiftung.de
Homepage: www.kaufmann-stiftung.de

Geschichtsgruppe Dulsberg e.V.
Dulsberg-Süd 12 | 22049 Hamburg
Telefon: 040 / 6954591
E-Mail: archiv@dd-dulsberg.de
Homepage: www.gg-dulsberg.de

Geschichtswerkstatt Barmbek
Wiesendamm 25 | 22305 Hamburg
Telefon: 040 / 293107
E-Mail: geschichtswerkstattbarmbek@
alice-dsl.de
Homepage: www.geschichtswerkstatt-
barmbek.de

Geschichtswerkstatt Wilhelmsburg und Hafen
Honigfabrik, Industriestraße 125-131
21107 Hamburg
Telefon: 040 / 42103915
E-Mail: markertm@honigfabrik.de
Homepage: www.geschichtswerkstatt-
wilhelmsburg.de

Historiker-Genossenschaft
Specksaalredder 54 | 22397 Hamburg
Telefon: 040 / 64504335
E-Mail: info@historikergenossenschaft.
de
Homepage: www.
historikergenossenschaft.de

Nicola Janocha M.A.
Anhaltspunkt Hamburg
Entdeckertouren durch Hamburg
Telefon: 01577 / 3206117
E-Mail: info@anhaltspunkt-hamburg.de
Homepage: www.anhaltspunkt-
hamburg.de

Anneliese Kuck
Gästeführerin. Prosa und Lyrik entlang
der Elbchaussee. Blankenese abseits der
bekannten Pfade. St. Georg (k)ein Ort
anständiger Leute.
E-Mail: kultours.hamburg@gmx.de

Frank Lehmann
Mutterspachlich Dänisch und Deutsch.
Außerdem Englisch und alle nordischen
Sprachen, zertifizierter Hamburger
Gästeführer für alle 105 Hamburger
Stadtteile, Hamburgs Metropolregion,
Norddeutschland und Skandinavien.
Studiosus-Reiseleiter seit 2000,
freiberuflicher Museumspädagoge.
Haulandsweg 14 L
21220 Seevetal-Maschen
Telefon 04105 / 770499

Mobil: 0160 / 3490536
Homepage: www.firmenchronist.de

Dr. Christina Linger
1. Vorsitzende Hamburger Gästeführer-
Verein e.V.
Stadtführung Hamburg. Rundgänge,
Rundfahrten, Barkassenbegleitungen
durch Hamburg und den Hafen, speziell
auch Park Planten un Blomen,
Weltkulturerbe Speicherstadt und
Kontorhausviertel, Ohlsdorfer Friedhof,
Bergedorf u.v.m.
Telefon: 0171 / 6062770
E-Mail: chrisling@gmx.de
Homepage: www.hamburg-einsteiger.de

Marc Müller
your guide in hamburg
Organisation von Stadt-Erlebnis-
Programmen und Rundgänge durch
diverse Stadtteile Stadtrundfahrten mit
Bus, exklusiven Van oder Fahrrad,
Barkassentörns auf der Elbe
Segeln auf der Alster, Stadtrallyes
Shoppingbegleitung, Ausflüge ins
Umland, Begleitprogramme bei MICE-
Veranstaltungen
Flora-Neumann-Str. 2 | 20357 Hamburg
Telefon: 040 / 53256606
Mobil: 0160 / 97955813
Homepage: www.muellerandmore.com

Inga Marie Ramcke
Individuelle Stadtführungen zu
Wunschthemen
Lohbekstieg 30 | 22529 Hamburg
Telefon: 0176 / 62652329
E-Mail: info@stadtfuehrerhamburg.de
Homepage: www.ingamarieramcke.de

Rosinenfischer Susan Prahl
Die Rosinenfischer veranstalten
Hamburg-Rundgänge, die den Blick
und die Sinne der Teilnehmer auf die

Besonderheiten der Stadt lenken. Das
sind Sinnes-Rundgänge mit
Kaffeeverkostungen ebenso wie
Schokoladen-Rundgänge durch das
UNESCO-Weltkulturerbe.
Auf dem Sande 1 | 20457 Hamburg
Telefon: 040 / 36091983
E-Mail: Susan.Prahl@rosinenfischer.de
Homepage: www.rosinenfischer.de

Msgr. Peter Schmidt-Eppendorf
Verein für katholische
Kirchengeschichte in Hamburg und
Schleswig-Holstein.
Veröffentlichungen zur Geschichte der
katholischen Gemeinden und
Einrichtungen in Hamburg und
Schleswig-Holstein
Am Mariendom 3 | 20099 Hamburg
Telefon: 040 / 79144474
Homepage: www.schmidt-eppendorf.de

Ingo Vierk
Pepper Tours
Telefon: 04152 / 836505
Mobil: 0175 / 6826844
Homepages: www.pepper-tours.de
www.speicherstadt-nachtwaechter.de
www.quartiersmann-consorten.de

Weitblick-Touren
Katrin Peter-Bösenberg und Isgard
Rhein
Führungen rund um Hamburgs
Kirchen mit reizvollen Ein- und
Ausblicken auch in die Stadtteile. Für
Erwachsene und generations-
übergreifend.
E-Mail: isgard-rhein@hamburg.de
Homepage: www.kirche-hamburg.de

Publikationen:

Bösche, Burchard: Adolph von Elm – Der ungekrönte König von Hamburg. Norderstedt 2015.

Gretzschel, Dr. Matthias; Kummereincke, Sven: Hamburger Zeitreise. 12 Jahrhunderte Stadtgeschichte. Hamburg 2013.

Gretzschel, Dr. Matthias: Hamburg – Kleine Stadtgeschichte. Hamburg 2015.

Laur, Wolfgang: Die Orts- und Gewässernamen der Freien und

Hansestadt Hamburg. Neumünster 2012.

Lehmann, Frank: Zerbrochene Zeit. Wilhelmsburg in den Jahren 1923-47. Geschichtswerkstatt Wilhelmsburg 1989.

Ramcke, Inga-Marie: Reiseführer für Tiere. Wien/Bozen 2015.

Schulz, Georg: Zimtzicken, Canehlpuper und andere Merkwürzigkeiten. Norderstedt 2003.

Haftungsausschluss

Trotz intensiven Austauschs mit unseren Gesprächspartnern, gewissenhafter Literaturrecherche und aufmerksamem Korrekturlesen erheben wir weder einen Anspruch auf Vollständigkeit noch auf Fehlerlosigkeit. Wir haben streng darauf geachtet, keine Urheberrechte zu verletzen, unsere Recherchen sind nach bestem Wissen und Gewissen erfolgt. Dennoch übernehmen wir keinerlei Gewähr für die Aktualität, Korrektheit oder Vollständigkeit der bereitgestellten Informationen. Haftungsansprüche gegen uns schließen wir grundsätzlich aus.

DIE

Geheimnisse der Heimat

GIBT ES IN ...

Aalen	Esslingen	Schwäbisch Gmünd
Bad Cannstatt	Flensburg	Schwarzwald (für Kinder)
Bamberg	Friedrichshafen	Stuttgart
Bayreuth	Hamburg 1 & 2	Sylt
Berlin	Hannover 1 & 2	Tübingen
Bodensee (für Kinder)	Jena	Überlingen 1 & 2
Bremen	Konstanz 1 & 2	Villingen-Schwenningen
Bremerhaven	München	Würzburg
Donaueschingen	Regensburg	

IM BUCHHANDEL ODER UNTER: WWW.BAST-MEDIEN.DE

NEU:

Kalenderblätter

GIBT ES JETZT IN ...

Konstanz

München

52 faszinierende Geschichten aus den Kalenderwochen
quer durch die Jahrhunderte

WEITERE GEHEIMNISSE UND KALENDERBLÄTTER SIND IN ARBEIT

NEU:

Geheimnisse

GIBT ES AUCH ÜBER ...

Redewendungen

50 spannende Geschichten zu überregionalen Themen